焦點團體訪談
Focus Groups

洪志成　廖梅花　　譯

濤石文化事業有限公司
WaterStone Publishers

國家圖書館出版品預行編目資料

焦點團體訪談／洪志成 廖梅花譯.
－－初版－－嘉義市：濤石文化， 2003【民92】
面 ； 公分
ISBN 957-28367-1-4 （平裝）
1.社會調查－研究方法
540.15 92003342

焦點團體訪談

譯　　　者：洪志成 / 廖梅花
出 版 者：濤石文化事業有限公司
責任編輯：林思妤
封面設計：白金廣告設計 梁淑媛
地　　　址：嘉義市台斗街57-11號3F-1
登 記 證：嘉市府建商登字第08900830號
電　　　話：(05)271-4478
傳　　　眞：(05)271-4479
戶　　　名：濤石文化事業有限公司
郵撥帳號：31442485
印　　　刷：鼎易印刷事業股份有限公司
初版一刷：2003年4月(1-1000)
初版二刷：2004年11月(1-1000)
I S B N ：957-28367-1-4
總 經 銷：揚智文化事業股份有限公司
定　　　價：新台幣360元
E-mail ：waterstone@giga.com.tw
http://home.kimo.com.tw/tw_waterstone

關於作者

*Richard A. Krueger*博士是美國Minnesota大學的正教授與評鑑界的領導人物。他任教質性研究方法與方案(program)評鑑,並且是Minnesota大學推廣教育處負責評鑑的專家領袖。Krueger教授雖然在早期接受的量化的研究方法訓練,後來卻為質性研究所吸引並投入其中。近二十年來,他一直是焦點團體訪談研究方法的學習者、實踐者與傳授者。

*Mary Anne Casey*博士是美國政府機構與非營利性機構的顧問。她協助上述這些機構中設計個別與團體訪談,並實際執行,用以獲取機構中員工與顧客的心聲;再藉由這些資訊來規劃與評鑑各種方案。她曾經服務於Kellogg基金會、Minnesota大學、Minnesota州政府。

Krueger博士與Casey博士都在工作坊中傳授進行焦點訪談的實務知識,並且實際進行焦點團體研究。他們兩位除了同樣在焦點訪談研究有興趣外,也共組家庭生活。住家在Minnesota州St.Paul,有兩隻貓咪,Kitty O'Shea與Maud Gonne.Krueger博士的嗜好是欣賞機車藝術(站在車庫觀賞他的哈雷機車);Casey博士則熱愛園藝,喜歡閱讀相關作品並進行園藝活動。

目 錄

.. contents ..

譯者序言

　　質性研究已經逐漸成為我國研究生偏好之研究方法之一，鄭同僚（2001）統計我國教育學術領域近年來使用質性研究方法完成的博碩士論文篇數，發現從民國85年之後有大幅度的成長，超過總論文數的20％，並在最近兩年急遽增加，至民國89年，已高居35.33％；同時，自民國65年至89年，累計已有1423篇採用質性研究方法完成的博碩士論文。略觀其中訪談策略的使用，超過八成以上。

　　焦點訪談是質性研究中蒐集資訊的利器。相較於實地(field)觀察，一般質性訪談是簡便且可快速蒐集到資訊的策略，但是稍不慎重就會流於下列三種缺失。第一，提問(questioning)題目過度結構化：與量化研究中的結構式訪談相仿，結構化的訪談大綱明顯受到研究者先有思考架構的導引，容易忽略了參與者真實的經驗或意見。其二，受訪者的招募不恰當：誤將方便抽樣(convenient sampling)混作立意取樣（purposive sampling），也不符合理論抽樣理念，未能找到關鍵的訊息提供者(informants)進行訪談；或受訪者人數不足，未能依據理論抽樣的精神有系統地招募。最後，參與者因故無法或不願意完整地回應訪問的問題，造成受訪者抗拒或是缺乏意願的因素很多，包括招募到不恰當的受訪者，受訪者自我表露時對自身、對環境或對訪問者缺乏安全感，提問未能引發關鍵的主題，訪問者不擅於當地語言、缺乏人際溝通技巧、訪問技能不足或對當地文化理解不足等等。

　　本書原文為「Focus groups: A practical guide for applied research」（2000年出版，第三版），所述的焦點團體訪談策略可望避免上述三項訪談常見的缺失，十分具有價值。在這新版書中，作者R.A.Krueger對於焦點團體訪談提供了明確的實施步驟；同時又兼顧引導研究參與者，透過團體互動來自我表露(self-disclosure)，令我們得以窺見一些無從親身經歷的真實世界。這本書在焦點團體研究的籌畫、參與者招募、團體帶領，以及資料分析上都比前兩版呈現了更具體清晰的面貌。本書另一項新增內容是區隔出焦點團體的四種不同研究取向，使其同時適用於市場研究取

向、學術取向、非營利取向及參與取向，但需針對相關策略進行不同程度的調整，以符合不同取向的需求。

　　本書的兩位翻譯者，留學美國Wisconsin大學(Madison校區)與Texas大學(Austin校區)時，均以質性方法進行博士論文的資料蒐集與寫作。在翻譯本書的分工上，由洪志成翻譯第一到第五章，廖梅花翻譯第六到第十章，第十一章由洪志成先翻譯簡略初稿，廖梅花大幅度地潤飾增補。兩位譯者對每一章節的翻譯都親力親爲外，並交換提供修改意見(peer review)。對於某些原文的翻譯詞彙，也避免逐字翻譯，力求流暢可讀。

　　最後，感謝濤石文化陳重光先生鼎力支持「研究方法」系列叢書的出版，嘉惠了無數的研究新秀與有志一同者。林思好小姐精心處理本書的排版與編輯事宜，讓本書得以順利問世，也特此致謝。

洪志成、廖梅花

參考書目：鄭同僚(2001)
　　　　　　質性教育方法在臺灣——以教育類科博碩士論文爲例。
　　　　　　發表於「眾聲喧嘩：質性研究法理論與實作對話」國際
　　　　　　學術研討會，國立政治大學，民90.3.24。

第三版序

　　我們都希望別人聽到我們的心聲。我們希望我們的父母、小孩、同事、上司、主政者、甚至店員聆聽我們的意見。我們希望他們不僅注意到我們，聆聽我們的意見，更要對這些意見保持開放的態度。爲什麼我們老是覺得我們的意見沒有被接收到？大家都很忙，只能選擇性的聽到一些內容，捕捉到某些片段。換句話說，人們會自然的略過那些不想聽到的事情。在西方社會中，大家說話速度快，回應也快，所以常常打斷對方的談話。

　　焦點團體訪談強調要去聆聽，要注意到別人說些什麼，要對別人陳述的意見保持開放的態度。它同時強調不批判的態度，營造一個人們可以自在分享的氣氛，而對於人們所提的意見要謹慎且有系統的處理。如果運用得當，這個歷程有助於提升傾聽能力，而其結果則可用來利益這些分享資訊的人。參與團體的這群人，也將因爲有人傾聽他們的意見被聽到，而在團體結束離開時，覺得滿心歡喜。

新版本有哪些新點子？

　　我們盡力想讓這個新版本看起來賞心悅目，讀起來妙趣橫生。我們運用摺頁、些許的顏色、以及較大的留白來讓整個版面看起來更吸引人。我們同時運用一些特別設計的圖像來博君一燦。

　　整本書仍舊填滿著我們根據多年實作經驗所提出的建言。對於要實際執行焦點團體的研究者，要訂定相關研究契約的單位/機構，或是要教授焦點團體課程的教師，這是一本提供指導原則的參考書。在書中，我們運用例子來闡明論點；對於繁複的歷程，我們整理出綱要，以簡馭繁。

　　相較於第一版與第二版，第三版對於「如何作」著墨較多。對於如何籌畫一個焦點團體研究，在團體中問什麼樣的問題才能讓參與者不只是「坐而言」，還能「起而行」，如何回答有關焦點團體研究的問題等等議題，在第三版中都有較詳細的介紹與建議。對於如何分析資料也有較多引伸。許多大學教授對於教導研究生分析焦點團體的資料感到棘手，而希望我們能提供協助。的確，資料分析是

整個焦點團體研究中最令人感到吃不消、令人覺得孤立無援與受挫的一環。我們在本書中面臨的挑戰是如何將這個歷程交代清楚,使其清晰可循而不含糊。我們嘗試將逐步分析時所需作的各種決定整理出來。相較於先前的版本,這個版本對於分析有較具體的描述。

另外,這個版本增加一章比較與對照四種不同的焦點團體取向:市場研究取向、學術取向、非營利取向及參與取向。這些取向的傳統、目的、公認的作法、以及預期的結果都不盡相同,但是截至目前為止,我們並未看到任何討論這些取向的異同的文獻。換言之,這一章呈現焦點團體可能的進行方式。

這本書的章節安排如下:第一章的用意在於為焦點團體研究預作準備,我們在這一章介紹焦點團體的歷史沿革,同時指認出焦點團體的要素。第二章到第七章交代如何做一個好的焦點團體研究。高品質的焦點團體要求有效的籌畫(第二章)、好的提問(第三章)、有技巧的團體主持(第四章)、慎選參與者(第五章)、系統化的分析(第六章)、以及合宜的成果發表(第七章)。對於如何能符合「優良研究」的水準,我們也嘗試提出一些很實用的策略。最後幾章的重點不在「如何作」的各種策略方法,而比較著重在一些特別的考量與必要的調整。焦點團體持續在演化之中,因此,我們特別在第八章提出四種不同的取向/路徑,並介紹各種取向的特徵。第九章針對焦點團體要如何調整以順應不同的對象,作一個概要性的說明。在第十章中,我們指認出幾個逐漸受到重視的焦點團體的作法(本書將這些新的運用層面譯為焦點團體的「亞型」)。最後一章(第十一章),我們對於如何回答有關焦點團體研究的問題,提出一些建議。

這本書是特別為那些熱切希望學習焦點團體的研究者而撰寫,因此我們對於「如何作」提共很多建言,而這些建言也是我們平常會對朋友、研究生或是客戶提出的。然而,當我們面對的是朋友或是客戶時,我們會依據他們的情況來調整我們的建議。在本書中,我們當然無法做到因人而異的地步。所以,在實際運用之前,先思考清楚這些建議是否適用於你面對的聽眾以及你所處的環境。在考量聽眾/團體參與者的年齡、文化背景或職業後,你可能發現自己必須作一些調整。例如,準時開始與準時結束在企業界可能很重要,但是對於某些特定的社區,這樣的要求可能極不適當。我們並不意味讀者要嚴守我們提出的建議。相反的,我們鼓勵有興趣者把這些

建議當作一個下手處，然後仔細思考要如何調整，再尋求周圍有識
之士的建言。

我們學到了什麼？

　　對於這整個研究歷程，我們的確學到很多。而這些學習正是我
們在書中要和大家分享的。我們學習到如何籌畫一個研究、如何招
募參與者、如何主持團體以及如何分析資料。我們不斷的學習和這
個歷程有關的新觀點與新技巧。這是首要之務。因為不斷的學習，
我們認識並學習到更重要的事物，那些可以轉化人心的事物—人們
發自內心的真實感受。

　　藉由焦點團體，我們窺見一些我們無從親自經歷的世界。例如，
精神病患承受的是什麼樣的苦？與一個患有嚴重的慢性憂鬱症患者
住在一起是什麼樣的光景？退伍軍人的心境如何？家中有一個上特
教班的孩子，父母親的心境如何？被所愛的人虐待、羞辱是什麼樣
的情形？國小二年級男生的心境如何？為什麼農人在某些環保議題
上覺得被錯怪了？居住於市區的年輕黑人對槍枝的看法如何？環保
人士如何面對「公開珍貴的自然資源，讓人們可以盡情享受」或是
「對這些資源秘而不宣，以免遭到破壞」這種兩難的窘境？前線醫
療人員的觀點與管理階層的觀點有何不同？對於那些不識英文而需
仰賴孩子為他們閱讀並說明學校的英文來函的父母親，他們的心境
如何？

　　我們聽過的故事中，有些充滿趣味，有些令人精神為之一振，
有些則令我們揣揣難安好幾年。這些故事改變了我們。我們學到：
並無所謂「唯一」的真理，而只有多重的事實（multiple
realities），端視這個人站在哪裡來看世界。每個人站的點不同，
看待事物的角度也不同。藉由仔細聆聽，我們瞭解到人們的想法感
受以及背後的原因。藉由這個歷程，希望我們已逐漸學會保持「不
評斷」的態度，希望我們已學會如何以敬重的心來對待別人，希望
我們已學會去聆聽別人分享的睿智見解，更希望我們已學會做一個
可信賴的訊息傳遞者。我們確知學到一點：與人們齊聚一堂並聆聽
他們的故事是此生一大榮幸。

Focus Groups

圖像（icons）的說明

我們在整本書中運用圖像來標出重要訊息。這些圖像各有其用意：

「背景」圖像指出較大的觀點，並將當前的討論置於一個較寬廣的脈絡之中。

「秘訣」圖像標出值得研究者採用的一些作法或是我們自己覺得很受用的方法。

「範例」圖像針對一般性原則提出故事或是舉例說明。

「警告」圖像指出特別需要謹慎小心的地方。這些是特別用來協助研究新手指認出容易陷入的泥淖或是可能的障礙。

「檢核表」圖像則條列出研究者需要仔細考量的項目。

現在，我們可獲取的訊息比實際可運用的訊息更多，但是卻對我們所需要的資訊所知有限，理解也不足。事實上，我們蒐集資料似乎只是因為我們有這方面的能力，但是我們注注由於花費太多時間去蒐集，而疏於用心規劃如何使用資訊的方法。衡量知識的價值不在於所握有知識多寡，而在於如何運用它們。

—— *Warren Bennis*

第一章 焦點團體導論

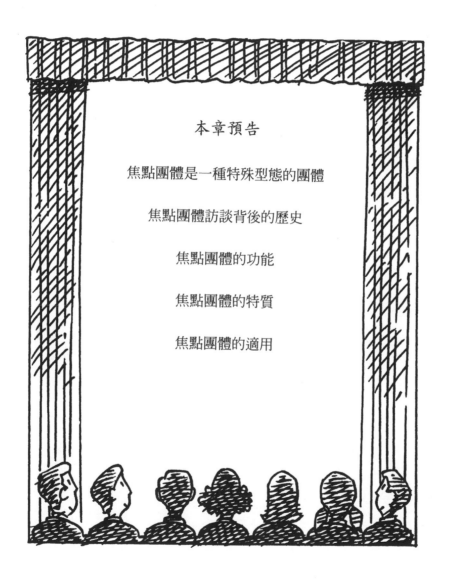

本章預告

焦點團體是一種特殊型態的團體

焦點團體訪談背後的歷史

焦點團體的功能

焦點團體的特質

焦點團體的適用

　　參與團體是大家共通的經驗。有時我們會被邀請、被挑選或被吸引進入團體進行討論的經驗，一群人在團體中共同籌畫，一起腦力激盪，或是彼此分享學習。團體經驗可能是喜樂與豐收的，但是也可能是錐心的痛苦經驗，既沒有收穫又浪費時間。團體經驗為何會變成一種時間的浪費呢？這樣的情形主要肇因於團體領導者對於團體目標與團體歷程缺乏明確的目標。

　　團體的目標有時候是相當明確的，例如甄選委員會的委員們聚會討論以決定公職候選人提名名單。但在有些時候，團體的目標模糊或是與會者各有不同觀點。此時，團體的功能在於提出意見、釐清可能的作法、回應某些見解、或推薦一個可行的課程、做出決定、規劃設計、或是進行評鑑。上述每個目標各有不同。如果帶領者不明瞭該團體討論的目的，或是口頭設定的目標與實際帶領的方向有出入時，參與團體的成員必定感到困惑與無所適從。

　　即使是團體帶領者明確瞭解團體的目標，但也可能缺乏引導團體討論的技巧。如果團體旨在達成某項成果，團體歷程的技巧是必備的。但是不同型態所需的團體歷程技巧可能有所區別。目標設定在引發參與者回應某個事件的團體與設立在形成決策的目標歷程是有所不同的。

　　本書的目的在於協助讀者學會使用焦點團體研究。我們會分享給諸位我們的經驗—至少我們曾經試驗成功過的經驗。期盼各位能更明瞭焦點團體的目標與進行焦點團體研究的歷程。

壹、焦點團體是一種特殊型態的團體

　　焦點團體不只是將一群人聚在一齊聊天而已。從它的目的、人數、組成成員方面來看，焦點團體算是一種特殊型態的團體。焦點

團體的目的是要聽取意見與收集訊息。這種方法有助於加深瞭解人們對於一個特定的議題、產品或是服務項目的感受與意見。而所挑選出來的參與者都具有與該焦點團體的主題有關的某些特質。

研究者在焦點團體中建立了一個包容的氣氛，讓參與者願意分享其觀點與知覺，絕不運用壓力促使進行投票或形成共識。焦點團體也不限於只進行一次。團體討論可針對具有相似特性的參與者進行若干場次，以便於發掘該主題的趨勢與規律性(pattern)。接下來研究者會對討論的資料進行縝密與系統的分析，以了解參與者對某一項產品或服務項目的觀感或意見。

目的：瞭解人們對於一個特定的議題、產品或是服項目的感受與意見。

六到八個與該焦點團體的主題有關的、且具備某類特質的**參與者**

技巧優良的**主持人**　　　　舒適、包容的**情境**

焦點團體研究是一個謹慎規劃的系列討論，在一個舒適、包容的、無威脅性的情境進行一系列的討論，以獲取人們對於一個特定的議題的觀感。每個團體由一個技巧優良的主持人(moderator)帶領六到八個參與者。討論過程是輕鬆自在的，通常參與者樂於分享其意見與觀點。團體成員透過回應他人的觀點與意見來相互影響。

貳、焦點團體訪談的歷史回顧

　　焦點團體近來有逐漸受歡迎的趨勢。近六十年來,焦點團體這個名詞曾受許多不同類型機關團體的青睞—實際上,有些團體需要一點想像力才能被稱爲焦點團體。有些人稱鎮代表會議、讀書會、學習小組聚會爲焦點團體。最近,甚至有人宣稱將超過三百人聚集在學校禮堂進行他們所謂的「焦點團體」。我們認爲那不是焦點團體,因爲不符合焦點團體訪談的基本要素。這些要素是由早期焦點團體訪談工作累積歸納出來的。

　　在1930末期,社會科學者開始致力於尋求進行各種形式的訪談策略。有些社會科學學者質疑傳統上一對一的訪談,以其採取的問卷是事先設定的,問卷回答的選項是封閉式的。此一取向的主要缺點是:受試者受限於所提供的選項,導致訪談員不經意地省略、或忽略受試者其他方面的眞實觀感,因而損及研究結果的品質。Stuart A. Rice 是最早對於此一缺失表示關切者。他在1931年指出:

　　在科學研究中企圖運用訪談探詢事實的缺失在於:訪談員主導了一切。換句話說,受試者多少扮演了被動的角色。由於訪談中訪談員主導的方向可能偏離,使得受訪者最具有價值的訊息或是觀點可能無法展現。簡單來說,得自訪談的資料可能强化了訪談員事先具有的理念,而非受訪者的實際態度。(Rice, 1931, p.561)

　　社會科學家開始探究新的取向,讓研究者可以在訪談中採取比較不主導與比較低度掌控的角色。受訪者因而能提出他們認爲最重要的意見。非指導式訪談(Nondirective interview)因此將訪談時的焦點從訪談員轉移到受訪者,強調傾聽受訪者眞實心聲與感受。非指導式訪談採用開放性的問答方式,讓受訪者的回答不受限制,

訪談員也不提供可能回答方向的線索。這種開放式的取向使受訪者表達意見、提出說明、分享相關經驗及態度的機會大為增加。非指導式訪談在1930到1940年代的研究大為增加。Roethlisberger 與 Dickson（1938）對員工士氣的研究，以及Rogers（1942）在心理治療的研究中都曾運用這種方法。

二次大戰期間，社會科學者開始使用非指導式訪談於團體中，這可說是焦點團體的濫觴。在早期的焦點團體研究中，Robert Merton 探討美軍在戰區的士氣。他發現：當人們與特質相似的人們處在安全與舒適的地方時，會釋放出敏銳細膩的資訊。目前焦點團體常被認可的一些常用的實際操作策略都是Robert K.Merton, Marjorie Fiske, 與Patricia L. Kendall（1956）在「焦點式的訪談」(The Focused Interview)這本經典著作中所奠定的。

雖然Merton迄今仍是社會學的巨擘，多數學者並不接納他所提倡的焦點式訪談。事實上，Merton的先驅研究沈寂了數十年。焦點團體與質性研究遲遲不被學術界接納是有若干理由的：對於量化程序的堅持、對於實體(reality)本質的假定、以及社會上迷信數字的趨勢等。社會科學研究專注於實驗設計、控制組與隨機抽樣。這份對數字的執著其實有兩層好處，一是促使研究設計更精密，另一方面則激發我們想對人類經驗有更深一層的瞭解。而我們也看到量化取向研究對於人事物或實體的基本假定，往往是有瑕疵而未盡完善的。

即使學術圈對於焦點團體不感到興趣，講求實用的市場研究的社群早在1950年代初期就開始擁抱與接納焦點團體的研究策略了。二次大戰後因商機無限，市場調查員為了要瞭解消費者的看法，以促進公司生產暢銷的產品，責任更加重大。

焦點團體訪談法在市場調查研究上廣為運用，因為只需花費合理的代價就可以獲得值得信賴的成果。商界老闆知道開發人們想要的產品、廣告該產品、以及推銷該產品給大眾等是很重要的。一項切實的作法就是貼近消費者。根據焦點團體的結果，產品會在設計、包裝或廣告期間經過重大修改。在廣告宣傳競爭中，通常會凸顯消費者認為該產品認為最正向的特質。例如飲料公司透過焦點團

體發現顧客喝飲料常常不是因為口渴，而是為了與該產品聯想在一塊的社交層面上的(sociability)特質。難怪提倡這些飲料的廣告詞通常強調事情如何變得更好（"things go better"），或是如何在海灘上增加個人的群眾魅力（Bellenger, Bernhardt, & Goldstrucker, 1976）。

自從1950年代起，在經銷部門運用焦點團體的情況激增，有些單位甚至設立一個專門部門來支應焦點團體研究。在美國每個大都會，市場調查研究公司提供與焦點團體有關的服務：找到適當的團體參與者名單、召集前來參與討論、籌備規劃團體討論、設立單面透視鏡、以及提供錄音與錄影服務。在每個大都會裡，甚至還有專業的焦點團體主持人以進行商業性質的焦點團體為主。這項技巧已經從Merton時代的社會科學研究方法轉變為也可用於商界的策略。

到了1980年代，學術界又開始重新正視焦點團體訪談，此時大多向商界取經。但是在商業界被接受的一些實際作法並無法在學術界或是非營利性情境中奏效。學術界乃擷取商界研究人員的部分策略並加以修改，使適用於其他對象。這些學者才又回頭閱讀 Merton 的作品，學習此一策略最初的運用方法。

從Merton倡導焦點團體訪談以來，已經產生了若干不同的取向。其一來自消費者導向的市場調查。另一個來自學術與科學社群。第三個取向是在非營利性與公眾事務。而第四類來自社區成員或義工轉變成為研究者的參與型(participatory)研究取向。每一種取向有所區別，但也異中有同。這四類型焦點團體的取向會在第八章有更詳細的介紹。

三、焦點團體的功能

　　焦點團體旨在提高團體成員的自我表露(self-disclosure)程度。我們想知道世人的想法與感受。對某些人而言，自我表露易如反掌—那是自然與舒適的寫照。但是對於其他人而言，則是十分困難與難過的事情，因而需要信賴、努力與勇氣。另一方面來說，在某些情境的自我表露比較容易，其他情境比較困難。幼童能自然地說出與自身有關的事情，但年事稍長，由於社會化，他們學會了內斂與掩飾。日復一日，由於社會壓力，幼兒自然地與即興式的表露自我也會扭曲變形。Sidney Jourard 就充分地說明了這種現象：

　　當我們年幼時，我們顯示真正的自我。我們想到什麼就說什麼，有所求就會尖叫要求，做了什麼都會一五一十的說出來。這些自然的表白卻有不同的後果：有時表白會被忽略，有時會受到獎勵，有時則會受到懲罰。無疑的，由於這些可能導致的痛苦經驗，我們很早就學會依據增強原理保留部分的表白。在這個社會中，人們不僅是因為實際的作為而受到懲罰，有時候連我們的想法、感受與需求也難逃制裁。因此，隨著歲月成長，我們很快的學會像他人表現自我中經過修飾後的一面。我因此提出了一個新的名詞，用「公眾我(public self)」來指稱我們希望在他人心目中形塑的自我概念。(Jourard, 1964, p10)

　　類似的情節——特別是母親們的經驗——發生在當小孩子跑回家訴說一個有趣、但是可能有危險性的經驗。母親通常大吃一驚，然後嚴肅地告訴這個小孩以後絕對不可以再有同樣的舉動。母親的反應出乎小孩子的意料之外，因而在他(她)心中留下了難忘的印象，並且也學會了一件事情：絕對不再作同樣的事情，或是下次絕對不讓媽媽知道自己曾經做過那件事情。

　　一位年輕的媽媽正到教堂主日班看望他六歲的女兒。課堂主題與教堂的正當行為有關。教師正在問小朋友哪些地方不應當奔跑。許多小手高舉，老師一次點一位小朋友發言。小朋友的答案包括：學校、圖書館、超市——但是都沒有人提到教堂。這位媽媽驕傲地注意到，她的小女兒仍然舉著手，無疑的，她有希望說出老師所期望的答案。這位小女孩最後總算被老師點到名了，她很熱絡地回答：『酒店(liquor store)²—我爸爸說不可以在酒店奔跑，因為那樣做可能會打破店裡面的酒瓶。』聽到此，這位媽媽當時心頭一震，因為這間教堂向來把酒店當作是不道德的場所。而這名天真的小孩尚未發展出所謂的「公眾我」—至少從這個教堂的觀點來看。

　　所以人們什麼時候能夠自我表露呢？何時他們能說出他們真正的想法和感受呢？唯有當他們覺得自在，以及當他們覺得環境是接納與包容的、不會批評他們的時候。想想看在公車、火車或是飛機上的遊客，長期坐在陌生人的身旁的時候，不太容易會在隨性的交談中涉及與自身有關的深刻訊息。但是有些場合，遊客會開始說一些他們可能都不會向熟人表露的、對於工作、家人或生活的私人態度與情緒。遊客的一方或雙方可能感覺到他們之間有些相似處，加上情境毫無威脅性，而且即使當對方不贊同自己的觀點，未來彼此也不太有可能再次碰面而有尷尬的場面發生。在South Carolina大學醫學院的一位心理治療師 Linda Austin 接受「今日美國(USA Today)」記者專訪時說：「此時你對陌生人表露自我時，不會緊張，因為不會有什麼不良後果。一旦你下了飛機，這種十分深刻又短暫的雙方關係立刻就中斷了。」(Schmit, 1993, pp.1B-2B)。

　　遊客容易表露自我的另一種理由是：遊客們覺得彼此在某些方面很相像。可能是他們之間有某一兩種共通處，例如年齡、性別、職業、婚姻狀態，或是對某一個討論的主題意見相近。Joueard (1964) 發現一個人決定是否要表露，視對對方的知覺而定。他在對於自我表露的研究中發現：「人們對於相似度比較高的陌生人比對於看來不同類型的人容易自我表露 (p.15)。」

　　焦點團體要營造的是一種舒適且接納的環境。通常要選取的參與者具有某一共通性質的特徵，而且我們要告知他們，其他參與者也具有類似的特質。團體中的主持人 (moderator) 並非具有較高

Focus Groups

的權力，他的功能在於鼓勵各位成員發表各式各樣的意見——正向或是負向都受到歡迎。訪談中要謹慎，不要對回應作評論，對於肢體語言可能散發帶有贊同或是反對意味的訊息，也要特別謹慎。主持人的角色是發問、傾聽，維持對話不離題，以及確保每人有發言機會。團體進行的地點很有彈性，主要是要在令人感覺舒適的所在地：可能在某人家中、教堂地下室、披薩店、社區中心、鄰近的咖啡店、或是商用會議室。在告知參與者時，我們會說這是一個小組討論而不用焦點團體這個名稱，以免這個活動聽起來令人退避三舍，或是帶有神秘色彩。一切都盡量要讓成員感覺舒適自在。

肆、焦點團體的特質

　　典型的焦點團體訪談有五項特質。這些特質都與焦點團體的要素有關：(一)是參與者 (二)具有某種特性 (三)提供質性資料 (四)參與聚焦的討論 (五)協助了解感興趣的主題。其他類型的訪談(例如德懷術 [Delphic]、腦力激盪、推薦提名的、方案規劃的、治療式（therapeutic）的、顧問性質的訪談等)可能都擁有若干上述的特質，但卻沒有像焦點團體這樣同時具備這五項特質者。

(一)焦點團體涉及到〝人〞

　　典型的焦點團體主要由５到１０人組成，但團體大小亦可放寬至４到１２人組成。團體必須小到每個人都有機會去分享心得，大到足以提供多種類型的知覺觀感。當團體成員大到超過十二人時，團體容易分裂更小的團體或是難以聚焦。成員想要表達意見，但是

因為對話中空檔太少，無法插話而作罷。此時，成員往往會跟鄰座交頭接耳竊竊私語表達意見。這就表示這個團體人數太多了。四到五人的小團體有較多機會交換意見，但因人數少，提供意見總數量也比較少。這麼小的團體---有時候稱作迷你團體（mini-focus groups）--較為有利。對於四、五個人的團體，舉凡餐館、住家或其他寸土寸金的狹小空間，均可以利用來進行團體。

（二）參與者具有某種特性

　　對研究者而言，焦點團體的成員，在實際運作上必須在某些重要的層面上具有相似性。這種同質性取決於該研究的目的。成員是根據此相似性而招募來的。成員在討論一開始時均被告知參與者都具有此共同特性。

　　上述的同質性可以廣義或狹義來界定。舉例來說：假使一成人社區教育方案想要知道有關如何找到尚未接觸過此社區教育課程的人們來註冊。此一例子中，團體成員可以廣義地界定為居住在此一社區、尚未接受此社區教育課程的人們。團體成員可能在年齡、職業、興趣上有所不同，但他們必須有共通性：是成人，社區成員，且尚未參與過（nousers）。然而，假如社區教育工作人員希望吸引更多有5歲以下幼兒的父母，居住在鄰近地區者，或在家工作者，研究者可以比較狹義地挑選參與成員。這裡主要關心的議題是：誰能提供你所需要的資訊。

　　傳統上，焦點團體成員彼此是不認識的。多年以來，研究者一直認為成員之間最好是完全陌生。然而最近研究者——特別是以社區為基礎的研究——開始對這項原則的必要性與實用性提出質疑。在某些社區內，根本就找不到所謂的「陌生人」。在焦點團體中如果納入親近的朋友、家人親戚、密切的工作夥伴團體，應該要小心謹慎。因不管社交上或工作上的經常互動接觸，可能會造成成員在某些主題上不便於開誠佈公，存有戒心。

　　主持人的某些特質可能會壓抑或支持團體分享。假如主持人一下子就被成員指認出來代表某個機構、階層、或是涉及社區中具有

Focus Groups

爭議性的主題，其訪談結果可能會有偏差。例如，一位全國性非營利組織的高階層行政人員，如果相信焦點團體可以發掘員工關注的重點，因而決定親自主持與部屬的討論。這是一個不好的構想。因為他具有高度決策權力，可以決定薪資、工作職責、人員的解聘與招募。此時，寧可找一位管理階層以外的中性主持人。

(三)焦點團體提供質性資料

　　焦點團體目的在於蒐集研究者感興趣的資料──通常在於發掘各種類型的人們的廣泛意見。研究者至少會比較對照三組以上的焦點團體。這個特質與其他志在透過討論達成結論（例如達成共識、提供建議、或在若干選項中做成決策）的討論有所區別。它提供了一個比個別訪談更自然的情境，因為受訪者在團體歷程中相互影響，如同在實際生活情境一樣。在焦點團體中，研究者具有幾項功能：他是主持人、傾聽者、觀察者及最後運用歸納法處理資料的分析者。此處的研究者旨在根據討論內容獲得理解，而無意於檢驗事先設定的理論或是假設。

(四)焦點團體有一聚焦的討論

　　在焦點團體中，討論的主題需事先審慎決定。每個問題都會仔細斟酌用字遣詞，並經過適切地排序，讓參與者既容易瞭解又覺得合乎邏輯。多數採用開放性問題。這些問題表面看起來是自發性的提出，但事實上是經深思熟慮而得來的。問題的組合（set）(又稱為提問路線（questioning route）或訪談大綱)是以自然的、合理的順序來呈現的。通常開場的問題是比較一般的、普遍性的，後續的問題將愈來愈深入（更聚焦）。剛開始的話題是協助他們談論、思考某個主題，而接近尾聲的問題往往能獲得最有用的資訊。主持人沒有非得達成共識的壓力，而關注於釐清受訪者在討論某一特定主題時的情感、意見與思路。

伍、焦點團體的適用

　　焦點團體特別適用於確認人們對於某些議題、產品、服務項目或是機會等的知覺、情緒與意見。焦點團體可被用來蒐集適當的資訊，本節將會說明下列若干使用時機。當然，這些時機的類型並不周延，也非彼此互斥，旨在提供對於焦點團體的使用時機的初步瞭解而已。

一、決斷 (decision-making)

　　前文提到，焦點團體不是用來作決斷的，這裡所說的並非自相矛盾。兩者的不同在於：使用焦點團體時，不在每個個別團體中作決斷，而是在綜合所有的團體討論後的結論，可以提供進一步決斷的基礎。而且，這個決斷並非由焦點團體中的參與者來作的，而是由特定的決策者根據焦點團體討論的結論來下決斷。於此，焦點團體用來獲取對某個主題更深入的了解，以便於決策者做出最明智的抉擇。

　　焦點團體的研究結果一直被用於方案實施之前，方案實施中或方案實施後，提供各種決策的建議。當焦點團體被用於方案之前的資訊蒐集，我們稱作為需求評估(need assessment)、分析、氣氛調查(climate survey)、規劃(planning)、先導測試(pilot testing)等。當焦點團體被用於方案進行之中時，我們稱作為形成性(informative)評量、歷程評鑑(process evaluation)、回饋、監控、回報(report)等。當焦點團體被用於方案實施之後的資訊蒐集時，可稱作是總結性(summative)評鑑、結果(outcome)評鑑、或僅僅是回饋而已。

二、產品或方案的研發(development)

　　有關焦點團體資訊，另外一個稍微不同的思考模式涉及產品或方案的研發階段。雖然這個模式源自工商企業界，但在非營利組織與公家的機構中也頗受歡迎。以下以卡通連環圖1.1與1.2分別來說明比較拙劣以及比較優良的方案規劃模式。

圖1.1：比較拙劣的方案規劃模式

圖1.2：比較優良的方案規劃模式

Focus Groups

焦點團體對於方案或是產品的發展有用主要有三個方面。第一，早在發展初期，焦點團體可提供資訊上的理解——透過潛在的客戶眼中或心目中去看待某個議題。此時焦點團體旨在得知潛在客戶如何觀看、理解、評價一個特定的主題，以及去熟悉他們談論該主題所使用的詞彙。這些客戶如何看待它？如何感受它？如何談論它？喜歡它的哪一些部分？不喜歡的部分在哪裡？不願意採取某種行動（例如不願餵母乳）、不願使用或是購買某產品理由是什麼？負責設計的專家會運用這些研究發現來研發新方案或是新產品的雛形（prototype）。他們會根據得自第一階段焦點團體的訊息來針對不同價格、不同耐用時間（duration）或不同深度（intensity）等層面各自的考量來開發新產品或方案。

第二階段的焦點團體是先導性地測試設計專家們構思出來的產品雛形。要求潛在的客戶對照比較每一個草案。問題焦點主要集中在客戶們喜歡與不喜歡的部分。

接下來再次請設計者參照先導測試階段焦點團體中整理出來的結論，再次設計出最佳的產物。如果重新設計改變很大，則要考慮財務上的風險、在產品或方案執行前再作一次焦點團體。

當產品已經上市，或是方案已經實施，焦點團體也有用處。主要用於評鑑。這個產品可否持續改善？達到預期的目標了嗎？哪一部份成效很好，哪一部份有待改善？

上述三階段的焦點團體研究最初是運用於商品的研發，但是在其他領域也依然有效。這些階段在發展競爭策略（advestising campaign）、課程教材、宣傳品、以及社會行銷推廣（social marketing）也很有效。

三、顧客滿意度

早期的焦點團體經常用於顧客滿意度的研究，用以界定滿意的程度、找出滿意的要素、以及發掘影響滿意的因素與情境。調查研究者可基於這些發現來設計足以量化滿意度的研究工具，並考慮地域、使用類型、顧客人口特質與其他相關因素。一般的看法是：在設計量化工具前如果不先傾聽顧客的意見，可能會危及組織的氣氛與福利。

四、業務規劃與目標設立

　　一些公家機構採用焦點團體來協助業務規劃與目標的設立。它們刻意與有系統地傾聽顧客與員工，以瞭解他們對組織的看法以及未來的努力方向。優勢是什麼？劣勢是在哪裡？缺少了什麼？機會在哪裡？朝向某個特定方向發展的優缺點是什麼？

　　一個組織歷經一段時間後，通常會刻意地變得制度化、更有效率、或是將規劃歷程去蕪存菁。不幸地是，這些改變會開始疏離顧客與組織之間的關係。顧客開始感受到組織不再細膩地回應他們的獨特需求，因為組織據以規劃業務的證據資料是不具體的，有時顧客並不瞭解也不在乎。諷刺的是，組織可能還會因此採用更加精密的程序來探究公眾的需求，但是由於組織似乎不願意傾聽客戶的心聲，這種努力也不會受到顧客的青睞。相較之下，焦點團體具有兩個優點。焦點團體不僅是從顧客處獲得了資訊，也傳遞了一種訊息，就是組織願意傾聽客戶心聲。就個人而言，組織透過焦點團體的傾聽在實質上是與在公聽會或會議中傾聽是截然不同的。

　　再者，組織採用焦點團體來規劃業務在於找出政策、方案、預定活動、災難應變以外的盲點。焦點團體包括的專家通常來自不同的學術領域或是背景，可邀請他們就特定事件反省其中的事後效果。傾聽不同經驗者的參與者分享意見、允許焦點團體參與者互動的機會可促成其他制式策略所無法獲得的靈感與解決方式。

五、需求評估

　　面對非營利組織或公家機構最困難的任務是需求評估。表面上來看，確認需求很容易，實質上則是十分複雜造成的。焦點團體一直被認可主要在於能夠提供一種不同互動情境。它能促使人們思考、反省與傾聽他人的經驗與意見。在互動中，參與者會將自身的實際狀況與他人相互對照。

　　需求是難以掌握處理的(tricky)；部分原因是研究贊助者想要探討的需求只是問題的一部份而已。常見的例子是進行員工進修的需求評估。雇主會這樣想：「我們應當訓練員工在某方面多做或少

Focus Groups

做一些,或是做好一些。」但是在焦點團體中,開始先提供一串的訓練需求項目,然後很快的轉變討論主題,開始討論什麼項目才會真的讓他們對在某工作上多作一些,或是做好一些——改變程序、獎勵、動機、溝通與組織文化。對組織的領導人言,解決問題的策略通常只是增加訓練與相關的教育經驗,然而焦點團體的參與者往往能看到困境與解決策略之間的落差。雇主急於「修補」員工:員工則從系統觀點指出困境之所在。雖然參加訓練是改變員工行為的一種方式,但是員工通常會由於組織的設限、或是缺乏促成改變的誘因而有挫折感。

六、品質提昇(quality movement)

焦點團體也常常有效地運用在提昇組織的品質。有關品質的努力有賴於廣泛的投入、開放溝通、回饋以及一個無威脅感的情境。焦點團體是一個可用於界定品質、檢定、測試監控程序或可望解決問題的想法以及用來理解與品質有關的一般性議題。

七、瞭解員工關注焦點(concerns)

公家與非營利團體對於員工的關注與其他組織是有許多相似之處。主要的關注包括員工士氣與動機、提供效率的助力與阻力、功績制(merit pay)與補救措施的影響、對各類不同員工而言其工作環境受歡迎的程度、以及其他許多與人際資源發展(human resource development) 的主題。與員工的焦點團體一直都有助於瞭解員工的觀點、以及或測試可能的策略與解決方案。

八、作成決策與檢證 (testing)

近二十年來,一些公眾組織往往在實施某政策前,先採用焦點團體以協助發展與測試政策。焦點團體有助於協助發現與理解成功的法規、條文、或法律或政策所需要的規準。接著,在利用焦點團

體去初步測試這些政策或程序、公眾組織可以絕對哪些是最適合公眾來選用或依循的、哪些是最適合代理者去推動的。

九、主要或次要的研究工具

　　焦點團體可用於研究程序中。然而，研究只是能被當作是促成不同效果的各種方式之一。例如通常由高等教育機構中師生進行的學術研究，旨在提供靈感給期刊、論文與書籍，讓大家來分享。相對的，社會性的市場調查研究表面上比較類似其近親—市場調查研究——實際上它是用來促使行為上的改變，使朝向社會上可欲的正向行為的策略。另有一種是評鑑(evaluation)研究，它是用來協助方案決策者的，可用來幫忙回答公眾對於方案績效與價值等的質疑。還有另外一種是參與者取向(participatory)的研究，特別強調要鼓舞人們融入社區進行研究，因為此類研究的歷程在於為所屬社區發展所謂的奉獻精神(commitment)、能力、與特殊才能，以及提昇實用性。

本章摘要

　　焦點團體是一種特殊的團體。以形式上來看，焦點團體很像其他團體的歷程。然而進一步審視，焦點團體是有一些不同的特質：

1. 焦點團體是讓同質性的人們進行社會性的互動。
2. 焦點團體的目的在從焦點討論過程中，蒐集質性資料。
3. 焦點團體訪談是以歸納式與自然式的質性方法來蒐集的資訊。

　　焦點團體適用於下列情境：評估需求、編製問卷之前的訊息蒐集、發展計畫、甄選新成員、釐清顧客是否使用某種產品或服務，驗證計畫與觀念，改善目前的計畫以及成果的評估等。其次，焦點團點可運用於上述方案、事件或經驗進行之前或之後，也可同步進行。

1.譯者補充：例如「是否應設立新的核能發電廠」。

2.指英美等國販售各類酒的專賣店，不提供餐飲娛樂者。

第二章 焦點團體研究的規劃

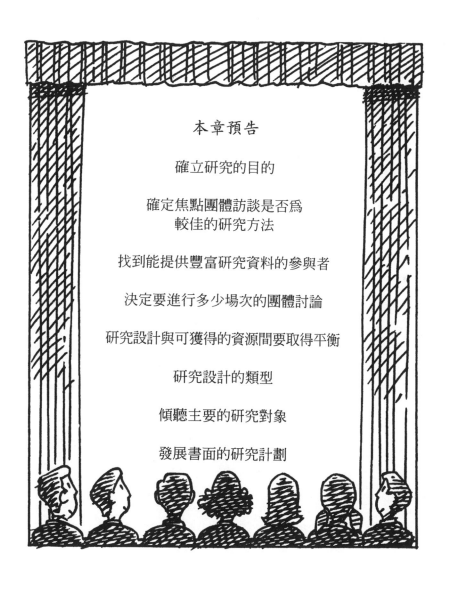

本章預告

確立研究的目的

確定焦點團體訪談是否為
較佳的研究方法

找到能提供豐富研究資料的參與者

決定要進行多少場次的團體討論

研究設計與可獲得的資源間要取得平衡

研究設計的類型

傾聽主要的研究對象

發展書面的研究計劃

　　規劃(planning)時要確認團隊中每個人都同意該研究的目標與期許的結果，然後在理想上應該如何做與實際上如何能夠善用有限資源兩者之間取得一個平衡。我們將想法與企圖心訴諸於書面計畫中，並邀請其他人提供回饋意見。此舉強迫我們超越既有的想法並尋求同僚的智慧與卓見。成功的規劃可確保目標上的合理可期，時間上有效可行、財務上平衡不透支。試著把規劃看成是一種投資，可避免實際執行時的成本高度損失。

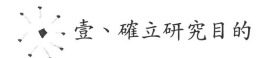

壹、確立研究目的

　　規劃是重要的，但是人們有時會很快的忽略跳過。事實上，人們通常從草擬研究問題作為開始。我們建議最好重新回顧研究目標，以及更本質性的問題。

　　有時候，研究贊助者對於焦點團體訪談所知不多。例如，教育組織的主管可能想要找出與顧客溝通的方法、鎮上人力資源服務處可能想要瞭解鎮民對於該組織的觀感。當研究構想交付給研究單位時，研究者通常需要更多有關研究課題的本質的資訊、想要獲取的資訊、這些資訊運用的方式。無法釐清上述細節會導致研究的失焦。

　　規劃之初，我們要與這些研究贊助者會面，並鼓勵他所屬部門的同事參與。典型參與此一會談者包括研究團隊以及未來負責使用或涉及這些研究結果的人員。會議通常包括二到七人。在會談時候，我們可邀請這些參與者討論下列的問題：

Focus Groups

* 要提出的研究問題是什麼？
* 決定要進行此研究的因素是什麼？
* 研究目的為何？
* 需要何種資料？
* 何種類型的資料特別重要？
* 誰需要這些研究資料？(此研究結果的資料要提供給誰？)
* 要如何使用這些研究資料？（或是你要如何運用這些資料？）

　　此舉的目標是要清晰地瞭解客戶的需求，以及確認研究贊助者要對研究課題的本質，用以展現該課題的訊息有所共識。我們有時所進行的方案中，贊助者十分瞭解他們的需求、依據的理由、運用該研究的方向。此時，這些會議是直接了當的。另一種情況，會議比較散亂，而且花費比較多的心力以達成研究目的的共識。這些狀況通常發生在研究贊助者不認可研究目標、想要的資料型態或資料的運用方式意見分歧等，尤其是當進行社區型的議題討論時特別會如此。例如，一群居民在社區發生若干致命的酗酒與車禍事件後聚在一起，商量該採取哪些因應措施。但是成員們在問題的焦點上見解並不一致。是酗酒嗎？還是酗酒加上駕車？有些人認為這個研究

的目的是要找到人協助設計方案以減少青少年酗酒駕車,但是其他人可能認為研究目的在於減低造成青少年酗酒的困境。不同的目的會導引研究有不同的取向。如果決策者對於研究目的缺乏共識,一定有些人對於研究結果會覺得十分沮喪。

回想一下資料的用途是有益處的。例如,第一,「告訴我一些有關這個研究的背景。」「什麼事件促使你們考慮進行此一研究?」「誰會對此項研究結果有所興趣?」「上述人員會如何運用此項研究結果?」類似這些問題會導引研究者更清楚潛在使用者對於此研究資訊的需求,進而規劃此一研究更上軌道。此舉也可凸顯人們對此項研究的觀感的異同。有時候,研究者的角色是要協助人們看出與該方案的相異點,並達成協議。潛在的議程(agendas)、組織中的政治力、以及模糊的思路都是達成協議的阻力。

在公家與非營利性組織常會見到下列兩種危機,要特別謹慎。第一,如果研究贊助者對於他們所想獲得的目標不明確提示,尤其是在探索性的研究時,千萬不必感到意外。要釐清研究目標有時也很耗費時間,需要經歷多場次的焦點團體才能達成。第二個危機是,贊助者可能會對於誤解了什麼才是合理可期許的結論,預先形成了比較誇大不務實的過高期許。

貳、確定焦點團體訪談是否為
較佳的研究方法

當你決定目標後,可以開始思考要採取哪些方法。有些人來找我們,詢問如何進行焦點團體。經過瞭解他們的研究目的與所擁有的資源後,我們有時會推薦他們採用焦點團體以外的其它方法去作資料的蒐集,以便於更適用他們的研究情境。想進行焦點團體並不表示焦點團體就是適切的方法。

在進行焦點團體研究前，瞭解它適用以及不適用的時機是有必要的：

（一）焦點團體訪談適用的時機：

在下列時機下可以考慮採用焦點團體訪談：

* 想要探尋人們對某些事物的各種不同想法或觀感時。
* 想了解各群體之間或不同類型人們在某些觀點上的差異性。通常，掌握權力者與非掌權者看待同一件事物或議題的角度是不同的。專業人士（例如醫界、教育界、科學界、工程界、商界與法界）往往未能觸及他們服務對象的心聲。高階主管與第一線員工通常在看待同一件事情的看法上也會有所不同。這些看法的差異可能會導致組織中的嚴重問題，特別是這些問題隱而不見或是未能被接納瞭解時。
* 研究目的是為了發現影響人們看法、行為或行為動機的多面向因素時。焦點團體能提供對複雜議題的靈感，尤其當看法視情境而異時，或是當關注的領域涉及願景或是動機的多個面向時。例如在哪些條件下一個健康照料提供者會承認自己的錯誤？哪些因素影響著年輕媽媽願意讓公家醫院護士到家中來作訪問？
* 想要透過團體互動而湧現出新的資訊時。群體的能量所能提供的往往大於所有個體所能提供的總和，或是能顯現個人單獨所不具有的、經過連結合作才能激盪出來的行動力。
* 想進行某些試驗性的構想、計劃或政策時。
* 當研究者需要資訊以便設計大規模量化研究時：焦點團體曾提供研究者有價值的靈感與智慧以便於進行複雜的量化探究。例如人們使用哪些字眼來討論特定的議題？回答一個問題時，可能算是答案的範疇包括哪些取向？
* 幫助研究者獲取資料，以便於更清楚的解讀已收集到的量化資料時。
* 客戶或是研究報告的讀者高度重視參與成員所使用的字眼或是心中的意見時。

（二）焦點團體訪談不適用的時機：

在下列時機下可能不宜考慮採用焦點團體訪談：

* 想要人們達到一定的共識時。
* 企圖教育或教導大眾時。
* 期望獲取的敏感性的訊息是不宜在團體中分享的，或是能夠獲得該類訊息卻可能會傷害某人時。
* 需要作統計上的推斷，但是由於參與團體的成員代表性不足，且抽樣歷程並不符合支持推論到母群體的規準時。
* 當周遭情境人們的情緒高漲而使用團體討論會加劇之間的緊張與衝突時。最常見即為人們對意見兩極化、缺乏互信或參與者之間有過對立衝突時。
* 當研究者無法掌控研究的關鍵部分時。例如他人或其他團體介入此一研究方案，研究過程即為可能被操控與形成偏見，或流於品質不佳的練習時。研究者必須掌控研究的關鍵層面，例如參與對象的選擇、訪談問題的建構、逐字稿的分析...當進行社區中的「參與者模式」的焦點團體時，上述這些都是常見的挑戰。有關這一方面的更多訊息，請參見「將社區民眾納入焦點團體之中 (Involving Community Members in Focus Groups)」(Krueger & King, 1998)一書。
* 其他研究法能產生更佳的質性資料時。
* 有其他研究法能以更經濟的方式獲得相同品質的資料時。
* 研究者無法確保敏感資訊的保密性時。

參、找到能提供豐富研究資料 的參與者

　　規劃焦點團體時的另一個面向是找出哪一種類型的研究參與者才能夠能提供你所需要的資訊。誰是合適的團體參與成員？在此階段，我們並非考慮特定的某些人，而是思考成員應具備的特質。例如，某個教育機構想要瞭解顧客對於現行課程方案的觀感。表面上，這個目的很單純，只要詢問學生就好了。但是事實上可能比想像中更加複雜。研究贊助者想探討的是目前就學的學生、參與過此方案卻離去的學生、潛在的學生或招聘這些學生的行業。具有某些人口學上特質(例如種族、性別、社經地位)的學生的觀點比具有其他特質的學生更重要嗎？明確的定義參與對象的特質是獲取必要資訊的前提。

　　有時候把這個取向當作是找出「具有豐富研究資訊」(information-rich)的案例。Patton (1990) 描述這種豐富研究資訊案例為「對研究目的重要相關議題能提供大量訊息的案例」。(p.169) 研究者要找的是：「誰對此議題具有最多的靈感或卓見?」前文中的例子，潛在的參與者——也許是那些探詢過方案相關訊息卻從未參與過的——並不瞭解該方案的許多細部內容。然而，這些人卻可能對於方案的知覺十分豐富，有助於瞭解有關為何以些人們不願意參與方案的訊息，或是對於提供哪些誘因才能鼓勵他們參與的相關訊息。

　　在某些研究中，不同類型的人們能提供不同觀點的訊息。例如，公家衛生所與學校想要合作去找出讓國小學童在學校中吃更多水果蔬菜的方式。他們進行的焦點團體會納入下列成員；家長、教師、營養午餐職工、以及二年級、四年級學生。每一類型的參與者可以提供對該問題與解決策略上的不同觀點。

肆、決定要進行多少個場次的
焦點團體討論

　　根據經驗法則，每一類的研究對象須規劃要進行3-4次焦點團體討論。實際的執行上，則視資料是否達到飽合(saturation)而定。資料飽和係指收集的資料範圍(range) 已不能提供新的訊息。如果你再進行三到四次焦點團體後仍然獲取嶄新的訊息，不排斥可以進行更多次數的團體。建議規劃進行3-4次團體是因爲焦點團體討論的分析是要跨越團體之間的。從分析中可找尋出超越團體以外的規律性(pattern)與主題。

　　當研究旨在採取比較或對比的方式來探討不同類型人員對某個議題的觀點時，則須將研究對象分派到不同團體之中。例如，如果你想知道男女兩性對於某個議題的觀點相似或是相左，可以規劃三個純男性的團體，三個純女性的團體。如此一來就可以分析跨越三個男性團體的資訊，也可以分析跨越三個女性團體的資訊，接下來更可以比對兩者的異同。如果團體採取男女混合的形式，就比較困難基於性別來進行分析。

　　再者，在混合編組時，要避免將議題有關的經驗層次差距太大的人員或是權力高低明顯有別的人員併入同一團體。我們要營造一個讓所有的參與者都覺得舒適、願意述說感想的情境。如果存在著權力位階的高低，某些人可能不願意開口。例如，我們通常不會把督導和它的下屬編入同一個團體。我們也會避免將教師與他們的學生、或是教師與他們的學生家長歸併同一團體。國一男生與高二男生放在同一組也可能不太合適。當我們說不太合適是來自我們實際遭遇過的痛苦經驗，但是並不是指絕對不可以如此。再次強調，研究目的與所處情境會主導我們的規劃方向。

　　你可以發現目前研究所進行的團體次數愈來愈多。最近，某一州政府部門想要瞭解不同種族糖尿病患對於本身患病的感受、以及他們對於醫療保健單位所提供服務的建議，於是他們進行了十六場

次的團體——對於下列四種族群各進行四次：非洲裔美國人、美國本土印地安人、西班牙裔美國人、以及亞裔。研究者原本也考慮過其他類型分派方式的優缺點經過廣泛深入討論後所作成的決定，其中包括了都會v.s.郊區或是出生的國家別、使用的語言(如方言母語或英語) 的流暢程度等。不同的成員組合分類方式會影響到研究所需的資源、時間、技巧等。

另外，下列比較傳統的分類要素也可作為選取參與焦點團體的參考：包括居住地區、性別、年齡、收入、人格特質、職業狀態、家庭人口多寡、就業狀態等。選取參與者的標準也應扣緊研究的目的。

典型上，非營利性組織或是服務性組織通常都會包括下列三類重要參與者，傾聽他們的意見：顧問群、員工以及參與者。每一類型又可細分為其他次類目。這些組織通常在設計新的方案時都會與客戶進行焦點團體，尋求有效推動的機制，但是卻忘了邀請第一線上的職工來貢獻智慧。

小秘方
預先將結案的報告納入考慮：你希望在報告中討論到哪一類型的人員

當你試著要找出焦點團體的組成份子時，想想看在你的總結報告中你希望將哪一些類型的人員涵括進來。你想要討論初為人母者對於某課程方案的意見，還是說青少年時期就當了媽媽者的意見比三十歲以後才當媽媽的對你更為重要？如果你只是想知道初為人母者對於某課程方案的意見，你只要找三、四群不同類型的新任媽媽進行訪談就可以了。但是如果你想要比較不同年齡的新媽媽們對於某課程方案的意見，你至少要進行三組以特定年齡層的新媽媽們為對象的訪談。如果你也想更進一步瞭解不同族群或國籍的新媽媽們對於某課程方案的意見，你的設計就要更加地複雜。或是說，你想能夠與初為人父者談談他們對於新課程方案的意見是什麼？在規劃期間就考慮到最後的研究報告似乎顯得有些操之過急，但是此舉確實有助於釐清你想要從不同類型的人口中獲得的資訊型態。

伍、研究設計與可獲得的資源間要取得平衡

　　在這裡要談的是：在有限的時間與資源之下如何使得一個研究具有可行性。所謂規劃其實常常就是在理想與現實——手中可運用的資源有限——兩者間取得一個平衡。這裡提到的資源包括執行本研究者允許使用的時間、財力以及研究團隊的才智與創意。如果資源十分有限，就進行比較少場的團體討論。筆者通常的合作對象是非營利性機構，財力有限。但是相對的，資源充沛並不表示就應該大量進行團體討論。我曾經聽過某些研究團隊針對同一個主題進行了六十、七十甚至八十場的焦點團體討論。我們覺得這樣做有些浪費時間與金錢。我們的個人經驗中，即使是全國規模的研究，非常少針對同一個主題進行超過三十場次的團體討論。

　　想想看運用多少資源在一個方案上才算是適量。試著依據所做的決策來調配資源。當作成規劃決定不太需要冒太大風險時，我們通常可以進行比較少組的團體討論（換句話說，這個決定是容易修改的，人們不至於因為這些改變受到嚴重的不良影響時，改變不會造成巨大的額外花費時）。如果作成規劃決定可能冒太大風險時，可能要增加比較多的焦點團體組數，以及輔以量化資料來提升該研究的品質。

　　我們通常會先決定在現有資源下要進行多少組的焦點團體，然後再來決定團體成員的組合。如果我們的資源足以進行十場次的團體討論，應該納入多少種類的團體成員呢？每一類型的成員應該進行多少場次的團體討論呢？何種成員的組合最能提供最有用的訊息呢？

　　以下有一個實例。有一個研究旨在瞭解如何促使學童營養午餐期間多吃蔬菜水果，可用的資源允許在先導(pilot)研究的小學進行十二場次的團體。規劃者的決定之一是要傾聽幼童的心聲，因為他們對於如何鼓勵學童多吃蔬菜水果的意見最為重要。因此研究者決定針對二、三、四年級學生各規劃兩組共六組進行焦點訪談。另

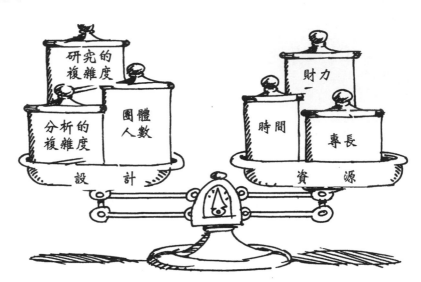

外，營養午餐時在場的服務工作人員的意見對於研究目的也十分具
有參考價值。由於該校該類工作人員不多，所以讓他們全部參與同
一組的討論。規劃者也想瞭解教師與家長的觀點，因此他們決定規
劃兩組教師團體、三組家長團體參加討論。

　　規劃有時也頗爲傷腦筋，這一點要先有心理準備。要給自己預
留時間，思考如何規劃團體成員的組合。

 陸、 研究設計的類型

(一) 單一類別的設計(Single-Category Design)

　　傳統的焦點團體研究設計要點是：進行焦點團體直到達到理論
上的飽和爲止——也就是不再能夠獲得新的啓示爲止。雖然足以獲
取飽和的組數各有不同，但是研究者通常會先規劃三或四組的焦點
團體，然後再看結果是否能達到適當的飽和，或是是否仍需要進行

更多的組數。

　　雖然理論上的飽和是一個絕佳的概念，而且在學術上也有其用途，但是根據我們作爲研究法的諮詢者來說，如果你堅持要持續進行焦點團體直到滿足理論飽和爲止，你可能無法獲取許多研究計畫案的合約。研究贊助者需要明確知道需要進行多少場次的焦點團體、該研究耗費的時間長短以及所需要投入的研究經費。很少有贊助者會給研究者一張空白支票，允許你隨心所欲地進行研究直到理論飽和爲止。因此，我們通常會針對特別重要的研究對象群來規劃三或四組的焦點團體，以獲取必要的資訊。

實例
單一類型設計的實例

　　假如你希望運用焦點團體去評鑑專爲年輕人而設計的領導才能研習活動方案。你確定要以過去兩年來參與該方案並結業的青年爲豐富訊息來源的對象。其他特性的比對則不是你的興趣所在。所以你採用單一類型的設計。你與所要的對象進行三到四場次的焦點團體，直到飽和爲止。如果達成了飽和，接下來的是結束該實驗並開始準備書面研究報告事項。然而，如果到了第三或是第四場次，仍有新的訊息出土，研究者就需要決定是否要進行額外的焦點團體，或是決定是否要在報告中指出該研究尙未達到飽和。也許知道成員在該主題上的意見紛歧這本身就足夠了。

_____

_____ _團體組數(0代表1組)_____

團體成員(過去兩年來參與該方案並結業的青年) 0　0　0　0

飽和了嗎？

_____

圖2-1 單一類型設計

Focus Groups

(二) 多類型的設計(Multiple-Category Design)

傳統設計以外的一種類型是進行若干類型的團體討論——可以是同時的或是依序進行的。這種設計可以導致兩種層面的比較對照:在某一種類型(青年)內不同特質者的比較,以及某兩種類型(例如青年所述說的 vs 其家長所述說的)之間不同類型的比較。

實例
多類型設計的實例

讓我們借用上述實例,但是考慮比較複雜一些。假如下列人員的回饋意見都是值得重視的:過去兩年來參與過該方案並結業的青年、家長、參與該方案的輔導員(mentor)、參與該方案的行政人員(staff)。因此有必要去比對這四類人員的意見。假如你的資源只足以進行十場焦點團體。

你認為青年與其家長的意見在你的研究中最為珍貴,因此你分配了比較多的資源在於獲取這兩類人員的資訊。由於上過課的青年本身能提供最直接的回饋,因此針對他們規劃四組團體。但是由於你深知學生中比較年輕的會受到比較年長者的威脅驚嚇、或是一味地順從年長者,因此你將團體依據年齡各分兩組。家長部分則進行三組。輔導員與教職員的意見重要但並非必要的,所以與輔導員進行兩組。至於教職員則因為人數太少無法單獨形成一組討論。

	團體組數(0代表1組)		
團體成員1 (14-15歲者)	0	0	
團體成員2 (16-18歲者)	0	0	
團體成員3 (家長)	0	0	0
團體成員4 (輔導員)	0	0	
團體成員5 (教職員)	0	0	

圖2-2 多類型設計

（三）兩階層的設計(Double-Layer Design)

　　傳統設計以外還有一種不同的類型是進行多層次的團體討論，例如一層面為地理區域，另一層次為不同類型的客戶。此種設計可以讓研究者作跨層面的比較。

實例
兩階層的設計的實例

　　假如一個全國性的保健服務單位想要進一步瞭解：當病患罹患憂鬱之苦時，如何作才能算是提供良好的健康服務。此一研究會結合其他相關資訊，用來發展出一套針對憂鬱病人的臨床照顧方針。該研究團對深信必須與接受憂鬱症狀治療但尚未住院者會談；同時認為與病患親近的親屬是重要的訊息來源。這些親屬包括病患的配偶、家長、或成人子女。此一單位在地理區上劃分為四個區域，歷來相關的研究範圍一向都包括這四個區域。每個區域都有一位代表參與討論。

第一層	第二層	團體組數(0代表1組)		
東區				
	成員A類(病患)	0	0	0
	成員B類(病患家人)	0		
西區				
	成員A類(病患)	0	0	0
	成員B類(病患家人)	0		
南區				
	成員A類(病患)	0	0	0
	成員B類(病患家人)	0		
北區				
	成員A類(病患)	0	0	0
	成員B類(病患家人)	0		

圖2-3 兩階層的設計

（四）廣泛納入型的設計

（Broad-Involvement Design）

有時候某些研究是受到大眾的廣泛興趣的。此時，某些人士如果被排除在該研究之外時可能會造成他們的耿耿於懷。通常，一個抽樣因應策略就是先找出最主要的訊息來源對象──所謂的「核心對象（target audience）」；然而其他的來源代表的則是次要但重要的觀點。例如，在防範青少年犯罪的方案中，研究者確定其主要對象為十三至十七歲、居住於高犯罪率社區的少男。雖然其他的對象（例如員警、教師、家長）也可能具有防範犯罪的重要觀點，但是研究資源有限，無法納入所有類型的成員進行深入探究。但另一方面，如果該研究只關注主要對象的意見，其他族群可能在形成解決策略上不願意協助或合作。在某些文化或情境上，有一種可能的心態就是：如果屬於我的群體的人沒有參與期中，當需要攜手合作努力以赴時，我們有被看輕的感覺。另一種情形是：「因為你們從來沒有徵詢過我們這一類人的意見，我無法接受這種看法或作法。」在本類型的設計上，所關注的不只是高品質的研究，而且還涉及如何讓人們接受你的計畫，並且對於你的努力予以支持。你先要確定該研究的品質，然後增列焦點團體場次以確保你的研究具有可行性──帶有政治意味。

此一設計採取的策略是：先鎖定能提供主要訊息的團體成員。事實上，這一群成員往往被刻意地過量抽取，超出訊息飽和之外。作法上是考慮地理區域的代表性(例如，州政府所屬的七個行政區域都有代表參與)。當核心參與對象的特質從整個母群體中浮現並確認後，後續增加的族群類型也可加以蒐集相關資料，在分析時是將這些次要的訊息來源對象與之前的核心對象相比對。如果某後續增加的次要族群提供了之前核心對象所沒有的寶貴訊息，研究者可能陸續增加該群體的樣本數，增設舉辦第二、第三場次的焦點團體，以便確認該寶貴訊息是否足以成為一規律性，同時也呈現於類似的群體中，以便於決定是否能夠當成一項結論。

實例
廣泛納入的設計實例

　　假如一個州或省的教育局正提出一項特殊教育上的新政策。相關官員想要知道新政策可能對教學實務上的啓示。這項政策的變革直接衝擊到特殊教育的教師們；因此，這些教師是提供所需訊息的最佳人選。但是研究團隊對認爲其他人也可能提供重要訊息：包括非特教的一般教師、家長、學生、提出政策者以及學校行政人員等。在某些研究，特別是在涉及公共事務時，某些族群的人會認爲在做成決策前，他們的意見一定要有發表以及被傾聽的機會。這些族群的人可能會認爲：除非他們的意見得以傳遞並被紀錄，否則該研究就是不夠周延的。研究團隊可能會贊同此一說法並樂於傾聽上述族群的心聲，但是時間與資源都很有限。在這種情境下，可用的策略是先找出你的核心對象（特殊教育教師），研究團隊廣泛地傾聽與蒐集其意見，以建立清晰的基準線(baseline)。可行的作法是在全州七個行政區中每一區進行一場與特殊教育教師的團體討論。然後針對每一群其他的族群(一般教師、家長、學生、提出政策者、以及學校行政人員)進行一兩場的焦點團體。從特教老師之後各組獲得的資料會與得自特殊教育教師建立的基準線加以比對。有時候，這些次要的訪談對象可能出現獨特而重要的訊息。此時可以針對該族群多作一兩場次的焦點團體。

	團體組數(O=1組)						
對象A（特殊教育教師）	O	O	O	O	O	O	O
對象B(一般教師)	O						
對象C(家長)	O						
對象D(學生)	O						
對象E(提倡者)	O						
對象F(一般教師)	O						
對象B(一般教師行政人員)	O						

圖2-4 廣泛納入型的設計

柒、傾聽主要的研究對象

　　你的心中一旦形成焦點團體規劃的雛形後，就要盡快地去拜訪具有理想訪談對象特質的人士。例如如果你要針對特殊教育教師進行研究，設法找到若干該類型人員，並徵詢他們對你的研究計畫的意見。（如果能將一兩位特殊教育教師納入你的研究團隊中，那就更是上策了。如果無法做到這一點，確定要能夠徵詢過其意見這一項步驟）。有時候不妨邀請上述的對象共進午餐，並且徵詢他們對你研究如何進行的意見。你可以描述一下你的研究，並詢問類似下列的問題：

* 如何能夠獲得具有此類特性的人名？
* 如何能找到這一類的人士？
* 屬於上述類目中的人士們是相似的、還是其實仍是迥然不同的？如果我們邀請對某些議題有特定看法的人是來參加團體討論，你會建議我們怎樣去做？
* 要讓挑選出來的人們願意前來參加討論，我們研究人員應事先做什麼準備？
* 應該邀請哪一些人來參加討論呢？
* 要讓挑選出來的人們更容易前來參加討論，什麼時間會比較恰當呢？（例如哪一天、哪一週等）
* 舉行會談的地點訂在哪裡比較好呢？
* 怎樣的問題才是好問題呢？
* 你覺得這幾題的題目問得怎樣呢？（試著提問若干問卷題目）
* 哪一種人士適合來提問問題（主持）呢？

…所以，要讓各位願意前來參加討論，我們研究人員應事先做什麼準備呢？

　　注意，你所努力的方向是要找出讓你的研究計畫可行且可能成功者。你要事先瞭解可能不利於進行研究的困境與路障。假如研究參與對象是你所不熟悉的，這點尤其重要，例如你可能會需要面對移民到美國來的工人、吸煙的青少年或妓女們來加以訪談。不過，即是面對這些族群，他們應該是你的研究資金贊助人有興趣納入探討且有辦法聯繫上的人們。請他們幫你引介相關資源或人士，正式研究前先徵詢過上述類型的問題，你將會驚喜於所學到的一切。

Focus Groups

捌、發展書面研究計劃

　　一旦討論完研究目的、所欲邀請參與討論的對象以及獲得類似訪談對象的意見後，我們開始將前述構想發展成書面研究計畫。書面計畫的價值可從三方面來看：首先，促使研究者以一種合於邏輯的態度來思考研究本身及澄清概念。有時候，在我們討論過程中會發現，原先容易意會理解的概念一旦訴諸文字時會有一些令人困惑或是過於顯眼的缺點。其次，書寫的計畫可提供決策者事先提供回饋。書面計畫比口語討論更容易傳閱大眾閱讀與討論。計畫中也可以明顯地展示不同類型的觀點──例如研究團隊成員觀點的不同處──以避免方案進行了太久才發現差異的存在。計畫協助我們讓每個涉入的成員都同意以及都瞭解研究贊助者的需求。第三、書面計畫使研究者確認所擁有的資源與時間足以獲取所需要的研究訊息。

小秘方
求助

　　早在規劃歷程中，你需要有構想。邀請少數研究者或研究贊助者來討論實施的多種可能性方案。這種討論可以是一兩次或更多次的碰頭會議，有時可以是腦力激盪的形式。避免太早鎖定或限制在少數特定選項上。要討論到研究的目的、焦點團體是否是恰當的、能提供有用資訊的（參與討論對象）是哪一類型的人、要進行多少場次的焦點團體、以及可資運用的資源。

　　研究計劃中須包含：研究目的、研究背景訊息、所需資料的類型、主要研究對象、研究步驟、可產生的成果、研究進度表、以及研究預算等。研究進度表(timeline) 應包含下列要素：日期、步驟、負責人員、協助人員、以及附註（comments）。研究進度表呈現了進行步驟的順序而且找出哪一些研究團隊人員負責哪些項目的工作。行政決策人員往往抱怨研究者以及評鑑者不尊重行政人員，未能預留所需要作決策的時間。在某些時間點時是需要做出決定的，那時候是不管研究結論是否已經完成了。研究進度表提供決策者一個訊息取得的時間表——一個他可事先預作準備、而且其後需要研究者與決策者同時遵循的時間表。

　　研究計劃需要與同僚分享——尤其是那些熟悉該研究議題或是方案者。分享給那些熟悉焦點團體的研究同僚或學者專家也是很有幫助的。當我們請託他人審視我們的計劃時，我們要求他們直言不諱告知我們可能犯錯的部分，包括不合邏輯、不可行或是不清晰的部分。

你有沒有什麼看法呢？

本章摘要

　　不要輕忽規劃的重要性。規劃歷程從找到研究目的就展開了。接下來我們決定焦點團體訪談法是否是該研究的適當的研究方法。如果答案是肯定的，我們就要進一步探詢哪些人是能提供豐富訊息者並邀請前來參加討論、以及確定進行焦點團體的場次。具有理想性的規劃並不困難。難度較高的是運用不充足的資訊來規劃有效率的研究計畫。來自同事、研究人員、研究贊助者、以及你的實際團體成員的回饋意見能協助你在遭遇問題以前提早因應。

第三章　提問路線[1]的建構

本章預告

良好提問的特質

良好提問路線的特質

提問的種類

發展提問路線的步驟

使參與者投入討論的提問

提問路線一致性的重要

一位母親覺得她的女兒在就讀幼稚園以前應該先經過一個周全的心智健康檢查，以免就學時適應不良。她就預約了一位有名望的心理學家，前往檢查是否有潛伏的異常特質。這位專家先問了小女孩一個問題：「你是男生還是女生？」 小女孩回答：「男生。」心理醫生心頭略微一震，隨即又問了一次：「當你長大以後，你希望成為一位紳士，還是淑女？」小女孩：「紳士。」在回家的路上，媽媽問小女孩：「醫生問你話的時候，為什麼你的答案這麼奇怪？」小女孩很正經地回答：「他問的問題很可笑，我想他可能是希望得到一個可笑的答案。」

乍聽之下，發展出良好的焦點團體討論題目很容易。但是這卻是新手（甚至是資深）焦點團體研究者都會感到頭痛的一個歷程。新手通常會設計有趣的提問路線（question route），但卻無法確知該題項所獲取的資料是否能回答自己設定的研究問題，以便於符合研究目的；或是不知道哪些問題無法讓參與者進行深入的討論。一個簡單的是非題就是其中之一。另一種缺失是：他們會設計三十個提問（questioning）預定要在兩小時內討論完畢。設計良好的題項需要夠長的時間、他人的協助、以及顧及一些指導方針(guildline)。

表面看來，我們會誤以為焦點團體訪談中的提問路線是十分容易就能建構出來。通常一次兩小時內的訪談約包括十二個題項。如果這些題項用在個別訪談上，受訪者可能會在很短的時間內，盡可能知無不言地回答你。一旦在團體中詢問相同的題項時，成員的討論可能延長，長達若干小時。部分的原因與題項本身有關，與個人的認知歷程也有關係。當成員參與討論時，會受到團體其他成員的觸動引發新的想法。每個人的意見也會提供線索，激發其他成員舊的回憶或是新的靈感——這些線索都有助於探究人們對某個議題各種層面的不同知覺。

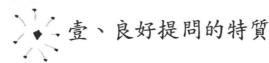

壹、良好提問的特質

焦點團體中良好的提問應具有下列特性：

一、聽起來像是在進行會話：

焦點團體提供一個社會互動的經驗，而會話式（conversational）的提問有助於建立和維持一個非正式的討論環境。

二、以參與者慣用的話語來提問：

除非你和一群專家進行討談，否則不要用類似英文縮寫字的簡稱（acronym）、行話、專業術語等語詞。像研究者這類的專業人員往往習慣於使用特定的語詞、專業術語或行話，導致非該領域的其他參與者一聽到這些抽象的概念就會感到困惑，並且往往因為不懂而怯於提供個人的意見。避免此一現象的方法是：請教與訪談者特質相似的人，去確認訪談題目所用的語詞是清楚的、以及不會產生威脅感的。

三、容易口頭表達：

良好的討論提問不能讓主持人在措辭時結巴繞舌。有些提問從文書的觀點來看十分優美，但是轉換成口語時就顯得笨拙扭捏、或是過於做作。

四、明確：

　　提問必須讓參與討論者容易理解。這一點看起來很粗淺，但是細究之下，你會驚訝一些提問是何等地令人困惑。有時候，主持人花在提問之前的開場白太長、提供冗長背景、或從一個主題跳到另一主題所使用的聯結太長，這些不但無法釐清討論題目，反而令人更加地混淆。聽眾也許專注於瑣碎的字詞，藉以理解提問的焦點，但是就是因爲這些贅詞導致了參與討論者主從不分，或是討論時偏離主題。另外，有些提問如果以文字呈現可能是十分明確的，但是改以口頭說明時候卻會造成困惑。當提問不清楚時，往往不能使參與者理解會意、或是產生其他不相干的解讀。

五、通常是簡短的：

　　冗長的提問會使參與者混淆。他們會無法分辨題目的核心意涵。一般而論，問題長度越長，越不容易讓人明瞭。

六、通常是開放式的：

　　開放式提問是焦點團體訪談的品質保證。這些提問暗示大家：簡短的語辭是不足以當作答案的：也期許著參與者提供更多更詳細的敘述、解釋或例證。

Focus Groups

七、通常是單向度的：

主持人可能有意無意地使用了一些他們自認爲是同義的字詞，但參與者聽起來卻完全不是如此。雖然主持人的表達達意，但是參與者可能混淆了。例如，「對你來說，這個方案是有效(useful)與實用(practical)的程度如何？」對某些人來說，有效與實用可能是十分不同的兩個概念，無法一概而論。再者，主持人可能爲了補強說明題目而增加額外的措辭，結果卻反而混淆了團體成員，導入另一個層面的思考。例如，「這些之中，哪一個對你來說是最重要的？或是說哪一項可以是首先要做的？」在這裡，主持人假定最重要的也就是首先要做的，但參與者可能不認爲如此。

八、提供清晰的、暢通的思考方向

對於團體參與者的要求，確定是否提供了清晰的說明。例如，如果你要參與者提供一串意見或想法時，你要確定是否要他們在討論之前先書寫在紙上？告知他們有多少時間可供討論。每當採用例如突圍(breakout)小組等複雜的多重步驟活動時，更要事先演練你的指導語，務必清晰易懂。

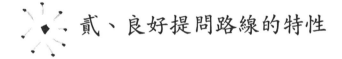

貳、良好提問路線的特性

提問路線(question route)是一系列有順序的提問，是良好的提問路線應具備下列特性：

一、先從簡單的提問開始

良好的焦點團體在開始的時候是明快的、會話式的。如果一開始就採用困難的提問就會花去很多時間，且在稍後的團體評論中還可能被修正。使用的提問要是團體中每個人都很容易回答的。

二、是有順序性的

　　焦點團體的名稱源自於討論有一個焦點。其中一個特性就是提問是有順序的。在一連串的問題題組中，當從一個提問移轉至另一個提問時要力求是很自然的；絕對不只是將一串提問堆積在一起而已。

三、一般性的提問在先，特殊性的在後

　　被稱為焦點團體的另一個理由是：討論的歷程中，提問是先討論廣泛和一般性提問（通常是次要的），然後在轉移到對研究而言是比較特殊且重要的提問。

四、時間的分配巧妙而有效的

　　焦點團體一直有一項挑戰就是：如何估算討論一道問題需要用多少時間？主持人必須預留充分的時間，在焦點團體中來討論重要的問題。提問路線則是提供類似有里程標示的公路地圖。稍後我們會探討如何估計討論提問所需要的時間。

背景資訊
提問路線v.s.主題綱要

　　焦點團體的主持人可以運用二種不同提問策略：主題綱要（topic guide）以及提問路線。前者類似一串的主題或議題清單，可供焦點團體探究。這個清單中係以簡短單字、片斷的語詞來提醒主持人即將討論的主題。相對的，提問路線是一系列經過排序的提問，每個提問都以完整的句子呈現。主題綱要通常用於專業的行銷研究主持人，而公家/非營利的、和學術上的場合比較偏好採用提問路線。本書第二章「發展焦點團體的討論提問」中會探討這兩個提問策略取向的優缺點[2]。本書作者偏愛使用提問路線，因為此舉能維持提問的一貫性，因此有助於後續的結果分析。它能強迫主持人或研究團隊提早去思考如何遣詞用字，而且也幫助贊助者更清楚焦點團體的實質內涵。此外，進行多場次焦點團體討論時，這個策略也可提高各場次提問的一致性。

參、提問的種類

並非所有的提問都具有同等的重要性。焦點團體中會採用不同類型的提問。每一種類型的提問都有其特定的目的。有些提問只是為了暖身,以便於參與後續更重要的討論。主持人可能會蜻蜓點水似的、快速地帶過若干提問,但在某些提問上則需明顯花費大量時間。花費在某個提問時間的長短不僅與該提問的重要性有關,也與可供分析的深度有關。所有的提問並非都會採用同樣的分析方法。例如開場白(opening)的提問就沒有分析的必要。

在焦點團體訪談的歷程中可能出現五種類型的提問,每一種類都有其獨特的功能。它們分別稱做:開場白式的提問、導引式的(introductory)提問、過渡性(transition)提問、關鍵性提問(key)、結尾式提問(ending)。

一、 開場白式的提問

開場白式的提問目的不在得到深入的資訊,而在於讓人覺得願意開口說話,以及令人覺得舒坦自在。應當邀請每個參與者都回答這一類的提問,要逐一地點名促使同桌的團體成員逐一的回答。要讓參與者一開始就發言的理由是:一個人在團體中第一次發言的時間越晚,之後他表達意見的可能性就更低了。

開場白式的提問的設計原則就是要容易回答,而且要能夠很快地回答(通常是在三十秒以內)。這個階段最好是詢問與實際發生有關的事情,而避免探詢參與者的態度、意見。因為回答態度與意見有關的提問需要比較長的時間、而且有賴提供例證或故事情節,甚至會引起廣泛的討論。開場白式的提問本質上只是在引導成員在討論初期時候就能發言而已,不是真的要討論什麼提問。開場白提

問的發言結果基本上也都是不會加以分析的。

　　有一點很重要：提問本身不應強調參與者之間身份地位或權力上的差異。不要問青少年的歲數、或是讀幾年級等，因為他們對這些訊息通常是會很敏感在意的。也不要詢問職業或是教育程度。不要詢問農民他們的耕地有多大。不強調差異的理由在於：有些人會順服團體中他們覺得具有某種特性的成員，例如比較年長的、比較聰明的、比較資深的、或其他任何方面有特色者。

實例
開場白式的提問

　　我們所知道的最好的開場白提問是用在針對牙醫的焦點團體，例如「請告訴我你是誰，你在哪裡執業當牙醫，還有，閒暇時，你最自得其樂的事是什麼。」這些問題易於回答，而且因為事前已經知道所有牙醫參與者都自行開業，有自己的牙醫診所；他們是執業醫師，也知道他們都有類似的興趣、嗜好，也都成家了。

二、導引式的提問

　　導引式提問在於簡介討論的主題，讓成員開始思考個人在這個主題上的知識或經驗。這類提問鼓勵參與者之間的會話。典型的導引式提示是開放式的，讓參與者談談他們對於涉及的議題、產品、或服務項目的看法或所知。有時候，導引式提問請團體成員回想他們對某個主題或是組織的初次接觸經驗，並加以細說那種經驗。或是問參與者他們是如何使用該產品或服務項目的。也可以問：「當你聽到這個名詞時，你最先想到的是什麼？」導引式提問讓主持人開始產生有關參與者意見的線索。

三、過渡性提問

　　過渡性提問是將對話到轉移研究者關注的關鍵性提問，在導引式提問和關鍵性提問兩者之間形成有邏輯性的連結。在此類提問的討論下，參與者可知覺到其他人對這個主題的觀點。如此可奠定下一階段關鍵提問討論成功的基礎。過渡性提問通常詢問參與者比導引式提問更深入的使用經驗或是意見。導引式提問在研究主題上的討論只是淺嚐即止，過渡性提問進一步讓參與者和研究主題之間有了聯結。

四、關鍵性提問

　　關鍵性提問才是研究的精髓。通常此類提問在一場次討論中會出二至五個。這些提問通常是研究團對最早想到要問的提問，在事後分析時也會付出最多的關注。重要的是主持人要知道哪些是關鍵性提問，並預留充分的時間允許充分的討論。之前三種類型的提問可能只佔用了若干分鐘，每題關鍵提問可能需要十到二十分鐘的討論。再者，在關鍵性提問討論時，主持人可能會更大量地使用暫停（pause）和探究追問（probe）兩類提問策略。關鍵性提問的討論通常安排在焦點團體中的前三分之一至前二分之一的時段時。

五、結尾式提問

　　結尾式提問旨在帶領討論到一個完滿的結束，讓參與者反思先前的意見，這是提供研究分析的重要資料。以下三種類型的結尾式提問是很有價值的：*總括型* (all-things-considered)提問、*摘要型*(summary)提問、以及*結語型*（ending）提問：

（一）總括型提問

　　總括型提問用於確定參與者在重要的討論議題上所持的立場。那些提問可以讓參與者將之前討論的所有意見加以整理與檢視，然後找出其中最重要的或是最需要採取行動的觀點。同時，總括型提

問對於曾經提出過的且與他人觀點見解不同者也有用處，可以讓他們在總結討論時進一步澄清自己最後的立場或是態度。通常會要每個成員回答這類的提問。可能的問法像是：「假如你有一分鐘去和州長討論功績制度(merit pay)的相關主題時，你會說些什麼？」或「在我們討論過的需求中，對你而言哪一個是最重要的？」

　　總括型提問在資料分析上是很重要的，因為此時成員的回應話語可以被用來作為解讀之前不一致意見的參考，也會被加權處理。有時候，在焦點團體過程中會經常討論到一些瑣碎的意見，如果分析者一味地以為出現的頻率或次數代表重要的程度，那就犯下了嚴重的錯誤了。如果資料分析者想知道參與者所關心的重點，則主持人必須詢問總括型提問，而且當作結尾式提問是個理想的作法。

（二）摘要型提問：

　　主持人在成員針對關鍵性提問討論後會作一個簡短的口頭摘要（二或三分鐘），之後通常會提出摘要型提問。摘要後，會請教參與者討論剛才主持人所做的摘要是否適當。這類的提問在分析中也扮演重要的角色。提問的方式有下列幾種，就像是：「剛才我們做的這個摘要恰當嗎？」或是「我剛才所覆述的反映了大家剛才討論所說的了嗎？」或是「我是不是抓到了剛才討論的重點了呢？」

（三）結語型提問：

　　結語型提問在焦團體中是一種保險型的提問。它唯一目的是要確保沒有忽略掉討論過程中的重要觀點。這類提問會先簡短的概述該研究的目的。此時的概述可能比先前所說的書面資料或口頭的導引稍長、或描述稍加詳細一些。概述之後，主持人詢問最後一個提問：「我們有沒有遺漏了什麼嗎？」或是「有沒有什麼是我們必須討論、卻沒有談到的嗎？」

　　要預留大約十分鐘的時間給結尾式提問，否則就很難達到任何效果。在約定結束的時間之前最好預留下大約十分鐘的時間用在這個提問。這個提問在進行一系列的焦點團體研究中的前幾場上是特別重要。它可以用來確定預設的提問路線是否合乎邏輯、是否完

整。這一類的結尾型提問也能用來檢討主持的技巧。如果有些部分不順暢，參與者常常想樂於提供回饋，建議主持人提問時要多面帶笑容，以及多作一些解釋。提問的方式例如：「這是我們在一系列團體討論中的第一次，我們很希望在下一場次的團體討論得越來越好，你們對我們有沒有什麼寶貴的建議？」

實例
一個提問路線

　　以下是一個使用在父母親焦點團體的提問路線。這些父母親最近剛參加過一個密集的家庭治療方案。

開場白提問：　1.請告訴大家您的大名，以及您曾經參加了○○方案多久時間。

導入性提問：　2.您怎麼知道有關這種治療方案的？

過渡性提問：　3.回想在第一次參加這個方案時，你的初步印象是什麼？

　　　　　　　4.你是否參加過其他哪些活動的經驗跟參加這個方案的治療過程是很相像的？

關鍵性提問：　5.你接受的這個方案對你在哪一方面是特別有用？

　　　　　　　6.這個方案比較讓你覺得挫折的是些什麼？

　　　　　　　7.你的子女在接受這個方案之後是不是變得有些不同？如果有，是怎樣的不一樣？

　　　　　　　8.你家是不是因為你參加了這個方案而變得有不同？如果有，是怎樣的不同？

結尾式提問：　9.如果你有機會給這個方案的負責人一些建議，你會說些什麼？

　　　　　　　10.我想要你們幫助我們評估這個方案。我想要知道如何改善這類的服務方案，以及這種方案使得你的家庭有了什麼改變？我們遺漏了什麼了嗎？有什麼是你想說而沒有機會說出來的嗎？

肆、使參與者投入討論的提問

　　截至目前爲止，我們呈現給各位的實例都只是讓參與者開口說話而已。我們還要邀請他們做其他事情，例如條列事項、畫圖、回顧、剪貼（cut and paste）、辯論。運用上述各種活動與題材讓成員投入具有若干功能。這些活動通常可以刺激腦部不同部位的運動。而且，其中這些有時候可以因此協助成員擺脫線性的、或純粹理性的思維方式。再者，參與者往往也樂在其中。

（一）條列意見

　　讓團體成員投入心思、且不同於談話性質的、且容易實施的方法就是記錄列表（listing）。此時通常要搭配有一個黑板或是空白海報紙或圖表幫助成員記下他們所說過的重點。有幾種事先準備這種表單的方法。你可以讓成員口頭提出意見，主持人或助理同步紀錄在黑板或表單中。另一個方法是給參與者幾分鐘，自行記錄在預先提供的白紙草稿上，再轉錄到表格上。這個表單可以由參與者來朗讀，公開報告，也可以由主持人或助理來執行閱讀、或是閱讀前先加以排序整理。列表的程序有助於找出意見中重複的項目；而且也有助於參與者保留一些記憶，以便於在提出意見前多做一些思考。引導列表的提問例句如，「回想一下你曾接受過的方案服務是否有很糟糕的。導致顧客服務不良的因素是什麼？請將你的意見先寫在一張紙上，等一下我們再來互相分享。」或是：「在你面前備有空白的草稿紙，請寫下成功又年輕的工人的特性，寫下三項就好。」

　　表單可以單純地只用來知道意見的兩極範圍，也可以用來提升到更高的層次。例如，針對提問「導致顧客服務不良的因素是什麼？」，團體成員討論整理出來的一份表單後，主持人可以指著它，進一步詢問：「這個表單中，你認爲最重要的因素是什麼？」或是：「如果要你從表單中找出對你而言最重要的一項時，你會選哪一項？」

接下來，主持人就可以只專注在成員認為最重要而挑選出來的項目來討論。

警示
條列意見可能會減緩討論的速度

　　在焦點團體中我們會謹慎地使用條列意見(using flip chart)的策略，因為那樣可能會打斷或窒息了討論的進行。說話的速度往往比記錄的速度要快。有時候成員會停下來，讓主持人能完整地紀錄下來，才接下去發表意見。而且有時候，成員會乾脆提供容易列表的簡短字句，跳過詳細的實例；而實例對於後續的分析才是更有用的。此時，主持人要停下來鼓勵這些簡短回答者提供更多的例子、或是做進一步的解釋。再者，表列的時候會將焦點轉移回到主持人身上；成員只與主持人互動，而非彼此互動。因此，我們通常在一個焦點團體使用表列的次數不會超過兩次。

(二) 評比等第[3]式優先順序 (rating items)

　　評比等第式的量表 (rating scale) 有助於找出值得更進一步討論的項目。研究者通常會發展出等第式的評量表以及所評量的效標(criteria)。這種評量等第的活動應當力求簡單，讓人能在很短的幾分鐘內完成的。因此，能被評量等第的項目數就不適宜太多項。

實例
等第量表中答項的實例

　　在焦點團體中採用評量等第的活動時，通常會選擇測量的尺度 (scale)。例如，

* 十分滿意	* 卓越	* 十分同意
* 滿意	* 優良	* 同意
* 不滿意	* 良好	* 中立
* 非常不滿意	* 不佳	* 不同意
		* 十分不同意

　　有時候，不妨邀請成員協助建構後續討論會用作評量等第的提問。此時，保持如實例中的尺度不變[4]，請參與者找出可供評比的提問來。然後，研究者比較各個提問的不同評比，再將評比的項目由高而低加以排列。

　　假如研究者有興趣的是顧客對本地一家旅館的評價。我們固然可以採用研究者事先發展出來的工具；這個取向有助於與先前的研究發現加以比較。但是這種預先設定的效標可能會遺漏了一些顧客真正關注的重要層面。通常這類型的評比量表不外詢問食物、服務效率、服務時的親切程度等。本書作者建議你衡量一下讓研究者自行決定效標的優缺點、也對照讓團體成員參與設計的優取點。讓團體成員參與設計的優點之一是：更貼近成員們的實際經驗。其缺點是在於每一場次或組別的成員可能會發展出不同的提問路線，不利於後續跨場次或跨組別的對照。

實例
運用評比(rating) 來討論的提問

　　以下是一個用於高中的實例：「現在我想要請各位協助製作一份對貴校的評分表(report card)。你們都很熟悉學科成績的等第，例如你在校的國文、英文、數學、歷史科目成績可以有A、B、C、D、F（不及格）等。現在我要你們幫學校打分數，你可以自由選出與學校有關的任何一個主題來給分數。挑選那些對你來說比較重要的項目，例如某些教職員工、教室等建築物、活動、或任何與你們學校有關的事物。選完之後，每一項目給一個A到F的分數。每個人會拿到一張卡片，然後開始為你的學校打出你心目中的分數。」等學生完成後，逐一報告分享，主持人公開記錄在黑板上。接下來再請參與者針對被評量為比較好(得分為A)的項目來討論。然後，也就哪些被評比為不及格的項目來加以討論。最後還可以請學生提供那些不及格項目的改進建議。

　　當參與者完成活動時，評量出來的等第應該接著馬上加以討論。如果不討論這些評量結果，你可以改在焦點團體之前或是之後才請成員填寫評比表，不要浪費討論的寶貴時間。這一類型的討論通常會先請每個人員分享他（她）個人的評比結果（或是改成為將意見的草稿傳到主持人手中，由主持人統一口述或表列，以免意見的主人身份曝光）。有時候我們會利用一張空白大海報紙來條列成員的意見；這樣公開資訊下，有些人可能因為看到別人的意見而決定強化、或是甚至修正他們原先提出的看法。評比的主要價值在於激發後續的討論：「我們是不是遺漏了哪些項目呢？」「你特別喜好哪一個項目呢？」「如何改進你們所說的這些項目呢？」

（三）自由挑選其中一個選項--意見的先導測試

　　這是焦點團體中極為有用的策略。提供參與成員若干選項，通常至少三項但是最多五項；然後請他們針對其中每一項目討論其中的優缺點、他們所喜歡或不喜歡的、以及選出他們最喜歡的一項。除了請成員們選擇以外，還會邀請補充說明選擇的理由。這個策略通常用於選擇視覺化的產品、廣告宣傳品、或是教育類的教材。有時候可以請成員閱讀簡短的文字說明；也可以收看若干分鐘的影片、觀看具體模型或工具材料等。接下來請大家討論看法、提出疑問以及進一步選出他們喜愛的項目。

（四）圖片分類排序

　　圖片分類排序(picture sort)是討論前先取出一堆圖片，通常來自雜誌；可以是男女老少的圖片。這些圖片顯示了不同類型的人們正在從事各種事情。主持人會請成員將圖片分類，並選出符合某些特性者。例如，「請從這些圖片中選出那些最有可能參加社區大學的人來。」「這裡每張圖片都有一位女士。請將這些圖片分成兩類：一類是你認為會親自餵食母乳的人，另外一類是會用奶瓶餵奶的人（bottle-feed）。」分類後，主持人會請成員發言，說明他們分類考慮的主要理由。圖片的影像有助於我們從不同於語文的方式來瞭解一個議題。

（五）畫圖

　　這個策略是給每個焦點團體成員一張空白的紙張與一支筆（鉛筆、蠟筆、或油性筆），請他們畫圖，用以顯示他們對於某類行為或是態度的靈感。至於那些怯於或不擅畫圖者，提供給他們以棒線畫（stick figure）的方式完成以便於減低焦慮。另一種變通辦法是提供粗略的輪廓素描圖，請成員在圖片空白處加上字詞。

　　繪畫完成後，請展示分享給大家，並說明自己的想法。分享完畢後，主持人詢問大家在不同的取向中發現了什麼。有什麼是類似的？有什麼是截然不同的？

　　就像是其他類似的參與式活動，畫圖主要的功能在於後續的討論。圖片只是一種誘發，有助於成員檢視他們的想法，並解釋他們的意見。然圖片在焦點團體的分享上往往有不可言喻的妙用。本書作者往往會在研究報告中附上若干此類的圖片。

實例
畫圖的討論提問

　　以下的提問實例是用來探究 (1)一個郊區的青年活動中心的環境；(2)新任媽媽對於公家健康中心護士理想的例行性家庭訪問的看法；(3)員工士氣。

實例一

　　請各位以畫圖的方式來顯示正在青年活動中心活動的人們。想想看誰會花一整個下午都在活動中心，畫出他（她）站在中心的門口準備離開時候的樣子。（給參與者一些時間去畫。）設想這個人手中拿著一些東西，那會是什麼東西呢？把它畫出來。（給參與者一些時間去畫。）好了，這個人在說話。寫下來說話的內容。（給一些時間。）現在，在你的圖畫旁邊空白處，給這個人一個名字，寫下他(她)的年紀、居住的地方。（給一些時間。）寫下他就讀的學校，以及他(她)平常都做些什麼休閒活動。

Focus Groups

實例二

　　想像一個妳心目中理想的家庭訪問。那會像是什麼景象？我想請妳把這種理想的家訪畫出來。畫一下家訪時妳自己以及你的小寶寶。在小寶寶旁邊畫一個小的箭頭，註明這次理想的家訪是在小寶寶幾歲的時候。（給一些時間。）理想上，護士來訪的時候會帶一份小禮物給新媽媽的妳與妳的小寶寶。她帶來了些什麼？請妳畫出那位護士以及她帶來的東西。（給一些時間。）這位護士胸前別了一個名牌，顯示所歸屬的單位或組織。在這次理想的家訪中，護士的名牌顯示的是哪一個單位？（給一些時間。）想像護士來訪時也做了一些對妳很有幫助的事情。她做了些什麼呢？請畫出來。（給一些時間。）護士告訴了妳一些妳很及時的或需要知道的訊息。畫上一個框框並連接到護士的嘴上，並且寫下她透過說話提供的訊息。最後，在紙張的角落，寫下這個理想的家訪中對妳而言三個重要的特質。

實例三

　　畫出一個組織或機構中員工的圖。你不必畫得像畫家一樣好；漫畫式的線條圖形（stick figure）也可以。畫一個箭頭連到這位員工的嘴巴上，寫下他

你會對其他人怎樣描述這個組織或機構？

（或她）對督導說了一兩句與組織有關的話（我們已經畫了一個示範圖，請成員參考這個圖，在空白的框框中填入一些話。主持人不要提供那位員工所說或所想的當作例句，避免引導或是誤導參與者。）

（六）運用想像力

　　有時候主持人可請參與者設想事情如何可以變得比較不一樣。對主持人的挑戰是建構此類經驗的時機，以便於參與者事先做好心理準備。例如，當參與者談到一個選項的正反意見時，主持人可以告訴成員，這裡有一支具有法力的魔棒、帽子或設施可以讓他們的願望實現。主持人傳遞這個魔棒或是帽子，傳到每個成員手上時，該成員就分享他（她）的夢想。或是請成員們閉上眼睛，想像前往一個遠方仙境的特別旅程；在一路上，他們發現一個盒子藏有人們生活難題的解答或錦囊妙計。當你打開盒子時，你會找到那個難題的答案。那個盒子裡的答案是什麼呢？

　　一開始時，主持人先改變團體討論的節奏。在使用此策略之前，參與者一直都在回答提問與相互討論。此時，主持人改變討論的氣氛，可以是要求短暫的沈默、或是放一段音樂去塑造鬆弛的氣氛、或是運用引導式的想像力。這一類的提問是出乎成員意料中的，因此通常都很有效。要求成員去想像似乎是不尋常、無法預期的，有時甚至聽起來是有些愚蠢。如果你決定採取這種策略，切記要清楚地規劃如何提問來引發成員參與討論。

（七）模擬設計類似競選或促銷式的活動

　　最近，若干以年輕對象爲主的焦點團體研究者使用過一個類似競選（campaign）的提問策略。在運用此一策略時，主持人會先詢問有關競選的題目：「什麼是競選？」「能說說看你看過的、或聽過的競選活動嗎？」「一個競選中會發生哪一類的事情呢？」「一個競選的要素是什麼呢？」在最初的階段，這些年輕學子通常想到的是政治上的競選活動，以及學校、社團或社區性質的競選活動。競選會涉及標語、助選員、演講者、旗幟、歌曲、氣球、慶祝活動等。主持人接著會要求參與者設計一個類似競選的活動來鼓勵年輕人採取某些行動——例如吃更多的蔬菜水果、多運動、避免酗酒或吸毒等。告訴參與者，這個競選或促銷活動是針對其他的年輕朋友來設計的。在焦點團體的成員開始著手策略的規劃、標語的用詞、助選員、競選歌曲、或是任何他們認爲可能有效的東西時，會場工作人員會提供文具材料，例如海報紙、書寫用的彩色筆等，以便於設

計之用。成員們也可以先分成三到五人的兩個小組，花四十五到一小時的時間規劃後，再集合起來一起來討論。然後由成員們分享設計的過程與成果，以及在各小組報告中最喜歡的部分。

這個類似競選的策略對年紀比較輕的成員比較有效，因為能夠讓他們主動參與、運用個人經驗以及樂在其中。研究者可從中發現創意。在一項採取此一策略的團體中，研究者還提供了T恤、鴨舌帽等給參與的小孩，讓他們在設計時，假設自己就是所設計競選活動中致力於吸引認同的對象。研究者從中獲取靈感，也得知成員們認為最有效的策略。此一類似競選策略對成人參與下列討論也很有效，例如社會議題、社區活動、爭取福利等事項。

實例
運用想像力的提問

以下有三個讓團體成員運用想像力的例子

實例一

主持人正在找尋有創意的方法來為供應餐點的工作人員設計一個教育活動。本焦點團體的設計者已經確定了一個主題——嘉年華會歡樂遊行。她要求參與者閉上雙眼，播放著嘉年華會的音樂，想像處在一個嘉年華會中。成員們被經由引導式的想像，寫下想法或是試著回憶每一個主持人提問時候的想法。同時也要求參與者（正在協助設計這個嘉年華會）：

設想宣傳此一嘉年華會的方式或宣傳品有哪些？這些材料或方式如何能夠吸引你的注意力？他們說了些什麼？他們看起來像是什麼樣子？

試想你抵達現場時，你聽到了什麼？看到了什麼？聞到了什麼味道？

　　想像你走在嘉年華會的會場中，並且對於某些展示項目特別感到有興趣。那些展示會像是什麼？那些展示會是在展示哪一方面的主題？人們正在做些什麼？設想你回到學校，告訴擠牛奶的工人那次的活動多麼的棒，而且令人印象深刻？是哪些部分讓你覺得那個活動很棒的？是什麼讓你覺得它很有用的？

　　主持人在引導成員進行這類活動以後，重新詢問之前的提問，請他們分享在之前每一個提問時的想法。

實例二

　　某機構員工的困境是家中幼兒托嬰，要尋求解決對策。主持人說：「這裡有一個魔棒，我要一一地傳到各位手中。當傳到你的手上時，請你放進去一個你想到的魔法答案；並且用魔棒搖一搖攪一攪，你的答案就能成功地解決困境。現在請你想像手中拿著這根魔棒，請你告訴我們你的解答是什麼。」

實例三

　　還有一些研究是要成員想像追求完美的設計：「暫時閉上你的雙眼，設想如果你被高科技冷凍存活下來，二十年後甦醒了。你本身一切正常，當時的世界是十分完美的。在那個一切都圓滿的世界中，大學會像是什麼樣子？」

(八) 事前準備（例如事先完成一項任務）

　　有時候可以要求參與者在參加討論前先做一項作業。這個作業可以是拜訪一個地點、預先瀏覽一份資料、或是網頁內容、記錄一項活動、或帶來一張與主題有關且也能讓人感興趣的相片、或任何與研究主題有關者。

實例
事前準備

實例一

在控制蚊蠅的研究中，請焦點團體參與者事先記錄為期十四天的蚊蠅觀察相關經驗。這種日記紀錄的表格要事先提供給了參與者，參與者書寫完這項記錄後，可以得到現金酬勞，並且參與該焦點團體討論。如此的紀錄可以協助成員回想起之前兩週的經驗，研究者蒐集這些文件以便後續的內容分析。

實例二

為了瞭解婦女對汽車送修的態度與意見，研究者在討論兩週之前先送給每位參與者一個可拋棄式相機，以及一本剪貼簿。剪貼簿中的每一頁都有一個完成空白附圖文字說明的主題，例如「拍一張你愛車的相片」、「拍一張照片，顯示你愛車會送去的修車廠。」「拍一張相片，顯示你愛車故障或受損時你的心情。」請參與者針對每一個主題拍照，並將照片放入相片簿，然後帶到焦點團體中來。每個人分享他(她)照的相片。研究團隊蒐集所有的相簿剪貼本。參與者收到一百美元來完成上述的相簿剪貼本，並參與焦點團體討論。

 伍、發展提問路線的步驟

吾人如何著手發展焦點團體研究的提問路線？以下是我們嘗試過且有效的步驟，基本上包括下列六點：

1.腦力激盪
2.提問的遣詞用字
3.提問的排序
4.預估每題提問討論的時間
5.尋求來自他人的回饋
6.提問的測試

步驟一：腦力激盪

　　我們會邀請少數對於該焦點團體研究議題熟悉者，安排聚會一起做腦力激盪，並根據討論結果尋找提問的靈感。所網羅之專家們可以是具有下列背景者：該領域專家、對贊助或委託該研究所涉及的組織有相當瞭解者、對焦點團體有經驗者、以及熟識即將參與該焦點團體者。通常這個聚會小組的人員包括本書作者、研究委託人及其他委託人邀約者。會議討論預定是讓四至六人在一至二小時之間討論完畢。我們會先概述該研究的目的、介紹委託單位，然後請小組成員提供意見。他們拋出對預定當作提問問題的看法。找一位助理詳細記下這些意見。小組成員甚至可以對於提問本身提供評語，但是不要只針對同一個提問來討論。有時候，成員的靈感腸枯思竭得很快，因此主持人要試著採取不同的提問方式來獲得寶貴意見，例如：在我們問完這些提問後，你們會想要知道什麼？你會想做出什麼樣的決定？哪些訊息會是你所感到有興趣的？此一作法旨在尋找關鍵性的提問—是那些有助於引導趨向研究方向的提問。我們並不擔心衍生出來太多事先沒有設計到的提問。經過一兩個小時之後，我們通常都會得到夠多的提問，可以讓我們過渡到下一個步驟。

　　運用一個小組有助於構思各種提問的的方向，但小組對於改寫或修辭潤飾提問本身可能是比較沒有效率的。腦力激盪會議後，可只交由一至二人負責進行下一步驟—即是提問的措辭和提問的排序。

步驟二：提問的措辭

決定討論提問如何的措辭與排序幾乎是同一時間進行。研究者檢視所有之前激盪出來的提問，先將與本研究目的看來比較關鍵的放在同一堆，並開始潤飾有關措詞，以便於在焦點團體中有用(例如，去除專業術語、使用開放性的語句)，然後研究者可以得到許多提問去建構提問路線。

小秘方
慎選有用的提問

在一番腦力激盪的會談之後，我們會收集到很多的提問，但這些並非都適合當作討論的提問。提問從哪裡開始問起比較好？應被包含哪些內涵在內？可以考慮以下列方式先自行用心檢視、篩選：

1. 這是一個「知道了蠻好的(nice-to know)」或者是「有必要知道(need-to-know)」的提問？「知道了蠻好的」的提問通常來自好奇心，但並不是重要的的研究議題。「有必要知道」的提問來自資訊的需求，所以應列在第一順位考慮。

2. 類似於上述提問的是：如果獲得此類資訊，可以如何加以運用？它可以幫助你更緊密的貼近研究目標嗎？我們有時會與研究議題切身相關的研究委託人事先討論上述提問，以幫助我們了解哪些是對他們有用的。我們在焦點團體時先提出的提問是最有潛力協助我們得到有用的資訊者。

(一) 使用開放性的提問

開放性的提問允許參與者決定回答的方向。參與者的答案不會受到暗示，而且回答時的形式或風格也不會循著某種建議的方向進行。鼓勵個人基於他(她)的特殊情境進行分享參與。使用開放性提問的主要優點是：可讓受訪者自由與充分地顯示其內心的想法，而不是主持人所觀察後所猜測參與者的心中想法。例如，可採用以下

這些開放性的提問：「你覺得這個方案如何呢？你覺得這次的討論感覺如何呢？你從哪裡得到新的訊息呢？我們提出的這個方案中，你最喜歡的是哪些部分和你最不喜歡的是哪些部分？」

　　有些提問表面的形式上是開放性的，但實質上卻導致可選擇答案的封閉性，例如包含下列措辭的提問：「多滿意呢，到達什麼樣的程度呢、有多少呢？」分析這些提問，回答者僅能就少數特定的範疇來回答，例如「十分滿意、程度很高、很多。」讀者可以比較一下下列的提問問法：「你對所接受的服務感覺滿意嗎？」或是「你對所接受的服務感覺如何呢？」後者這類較開放性的語詞會邀請參與者做更多的說明與解釋。

　　封閉式的提問並非完全都需要避免排除，有時候它們也可提供非常有用的資訊。如果你只想得要一些簡單的訊息，例如在研究年幼小孩學校午餐議題時，可採下列提問：「通常有多少人帶午餐便當？」有時候在訪談接近尾聲時，將提問形式轉移到比較封閉式的提問有助於縮小參與者回應的可能範圍，也可以比較專注於與答案有關的討論。另外，封閉式的提問也可能協助主持人在渙散的討論下重新取得團體的掌控權，或是有助於當討論的議題需要得到一些比較細緻的靈感時。例如，此時主持人可以說「在這三種可能的選擇之中，你最喜歡哪一個？」

（二）要求參與者回想

　　「回想型（think back）提問」旨在要求參與者根據特定提問反映個人生活經驗來回答。「回想你在什麼時候開始擔任這種公眾健康的服務？」、「是哪些因素吸引你投入此一職務？」、「回想你最後一次在大學註冊是在什麼時候？」、「那種經驗像是什麼？」這回想辭詞幫助營造回答的脈絡線索，也讓參與者知道你希望具體的回應、而且回應是基於個人經驗來探討的，藉此排除各種口耳相傳的道聽途說、或僅止於呼應周遭人們的看法、信念或價值。

　　參與者在討論時傾向於根據受訪時「此時此刻」的經驗來回應——除非主持人要求他們從不同的時間架構上去構思。當詢問過去的經驗時，參與者的回答更具有可信度，因為問的是特定的具體經驗，而不是目前的作為或未來可能的作為。時間策略可開啟受訪者具體的經驗，而不是抽象的意圖或是期望。

警訊
回想型提問的限制

　　回想型提問應該被限於是最近發生不久的事件、或是特殊印象深刻的記憶。假如參與者缺乏清楚的記憶時，則這類型的提問幫助不大。

（三）避免質問「為什麼」的問題

　　使用「為什麼」（why）的提問是尖銳地、或是集中焦點式地質問或提醒參與者。這種提問的問法暗示著要得到一個合理的答案，因此容易讓人感覺受到衝擊而不安與防衛。而且，這類提問的特性有其困境，因為人們的回答通常是基於立即性反應或其它非理性的過程。當問到「為什麼」時，參與者會重新思考，試著搜索枯腸，經過深思熟慮來提出一個適切而合理的解釋；此時的回應是他們經由大腦思慮後的事後考量，未必反映出真正影響行為的背後動力。

　　如果研究者決定要問「為什麼」的題型，那必須是十分精確地提問。Paul Lazarfeld（1934/1986）就此提出一個「精確原則」（principle of speci1fication）。精確原則要釐清參與者面對Why提問時可能回答的兩個不同的面向：(1)基於「影響因素」（influences)來提供影響參與者言行的主要因素；(2)基於某些想要獲得或接觸對象的特性。如果參與者無法釐清所問的是影響因素或是相關特性，所獲得的資訊將凌亂而難以分析。

　　依據此原則，若提問一個看來簡單的why類型的問題：「你為什麼要去動物園？」讓我們來檢視一下可能的回應如下：

　　參與者若是針對影響因素來回答，則回應可能會是：「因為我的小孩真想去動物園」；
　　若是針對與特性因素有關的回答，則回應可能會是：「因為我想去看大白鯨。」

　　因此，上述看來直接了當的提問實際上可能引發不同層面的回應。第一個回應涉及影響因素，而第二個回應則與動物園的特性有關。比較可取的方式是區分改成不同問法。例如：

1.影響因素的問法是：「是什麼原因使你想到要去動物園？」
2.意願歸因的問法是：「你最喜愛動物園的哪些特色？」

　　採用比較間接的方式是去問讓參與者對討論的主題感覺到的「是什麼」（what），或是「覺得如何」（how）。讓參與者針對一個特定的產品或方案來思考時，他們都能描述自己使用時的內心感受。再者，參與者也可能能夠預期使用該產品或參與該方案後的結果。

（四）讓提問言簡意賅

　　生手研究者往往會將提問設計得太複雜。簡單明瞭的提問是必要的。舉例來說，不要問：「與健康生活有關的元素是什麼？」而可以改問：「請描述一下健康的生活方式。」試著用最簡短的方式來清楚的提問。最好的焦點團體提問是簡單的，一旦提出，讓參與者能很快的瞭解所問為何，並且很快地就能開始回答。相對的，避免受訪者可能產生的過多解讀。參與者會因混淆而猶豫不知如何回答。當參與者感覺有些困擾時，他們的思緒會受其他成員的意見影響受訪者而分心，反而打亂了原有的思路。

　　簡明的提問未必導致簡要的回應。就是由於題目簡單易懂，能讓參與者在提出相關的各種面向與形式的討論。它也能吸引大家對基本假定的討論，推向核心的原則。你應當能辨別出來哪些是簡明的提問，所謂簡明的提問，不需要行話、術語，或逗點、分號、連接詞等複雜語句，簡單語句不是屈尊或幼稚的說法，而是經過深思熟慮、潤色提問而直指研究問題的核心。

　　明確問題最獨特之處大概是在於它一聽就容易記得。參與者往往不知不覺中就忘了正在討論中的提問，部分的原因在於提問過於繁複。提問容易記得能讓參與者時常在腦海中盤旋的那一種。即使少數一、兩位參與者討論時離開了主題，其他記得討論主題的成員也會協助將主題導入正軌。

　　讓提問的用語聽起來像是在口語會話，並且選用參與者在團體中慣用的語詞。有時主持人會不自覺地使用行話、或專業術語，不利於焦點團體的順利進行。因為圈內人的語言往往不是令人愉快或友善的語詞，而且無法與圈外人進行有效的溝通。試著要隨時使用會話式的詞語來提問討論而且要試著使用不同類型受訪者覺得舒服的問話方式。例如面對特殊教育老師時需要使用較多的專業語言，而訪談一般父母與學生則應有不同的問法。例如面對保健人員時可使用的專業術語可以比對病患與病患家屬來得多。有時我們可以想像我們是在社區公園裡與鄰居聊天，那時會如何詢問這一類的問題？我們絕不會使用專業術語，除非他們本來就熟悉那些語詞，或是先經過我們加以詳細的解釋。我們的目標不在於透過專業語彙或自我膨脹來困惑與為難參與者，而是要試著去接收來自參與者的啟發。

（五）舉例要小心謹慎

　　舉例可提供參與者在回應時多一些的靈感，但同時也可能會限制了參與者的想法。假定你正在進行有關顧客滿足的研究，並且因為恐怕提問過於廣泛，而決定舉例說明，並以如何去處理投訴案件為例；但是因為處理投訴案件僅是顧客滿意的一個面向，而且因為這個例子容易喚起鮮明的經驗或記憶

，如此可能傾向於支配後續的討論方向，阻礙其他面向的意見浮現。如果真的想要舉例，最好是在參與者已經提供他們的靈感之後。

小秘方
讓複雜的提問視覺化

　　假如你有一個提問無法用簡短語句表達，可在小組討論之前寫在海報紙上，並巧妙地在討論到該提問時翻到那一頁海報紙。視覺化的線索可以幫助了解和記住複雜的提問。

步驟三：提問的順序

　　提問的次序是值得加以規劃的。焦點團體的提問不能是一口氣全部拋出，研究者要小心的安排提問的呈現順序。提問要有次序，其中的理由是我們在團體討論中會使用焦點這個字眼。提問有焦點又有順序是針對參與者精心設計的，先提供參與者一個機會去穩固他們的看法，接著基於那些看法來進一步討論。以下是我們排序的作法：

（一）一般性的提問先於特殊性的

　　安排提問時最常見的程序是從一般性到特殊性——那就是，先提出普遍性縱覽式的提問，接下來才提到研究者最感興趣的特定問題。最後不易避免直接地要詢問參與者關鍵性的提問，不必再以一般性提問來建立相關脈絡情境。例如，假如要以年輕人為焦點團體進行一系列訪談，目的在於暸解他們對於有關青年組織的知覺，以及找出有效廣告行銷某特定青年組織的方式。此時如果一開始就涉及行銷該組織的問題就會顯得太操之過急；主持人可以緩一下，請參與者先描述他們特別喜愛的青年組織、或描述他們喜歡的年輕人社團的哪些方面；接下來，聚焦於預定探究的某特定的青年團體；也許在討論接近尾聲時再就行銷該青年組織的若干可能的策略，徵詢參與者的意見。

這種提問順序可以採用漏斗型的譬喻來作，以其能夠提供研究者安排提問時作爲視覺上的導引。漏斗的概念是指引導討論是先從廣泛的主題談完才談論到比較狹隘的方向、從一般的到特定的。換言之，開始時先討論相當廣泛的提問，接著是一系列比較窄化的、比較有焦點的提問。至於開始時的提問應該多麼的廣泛？部分視你預先規劃的提問有多少、以及該焦點團體設定的時間有多長而定。

實例
先問一般性的提問後特殊性

先一般性後特殊性的提問技巧可參考一個在夏威夷的實際例子。主持人爲了探究當地顧客如何飲用Kona 咖啡，先詢問有關品嚐美食的經驗，接著談及美味飲料的題目。當一位參與者提出Kona咖啡後，主持人接著就鼓勵大家討論他們是在什麼情境之下飲用這類的咖啡的？是如何品嚐的？

（二）正面的提問先於負面的提問

如果你要問否定的提問，還是要先用正面的語句的來敘述。假設你想問：「在自助餐廳時，你不會想吃的是什麼？」可先問：「你在自助餐廳時會想吃些什麼？」要給參與者機會去表達意見或經驗時，最好正反兩面都要兼顧。這種情況下，先問正面的提問是比較有效的策略。也許這樣可以破除一般參與者所深受類似下列父母庭訓教誨的影響：盡量不要非議他人，除非在你先說了一些好話之後。

使用正反兩面俱呈的優點在於允許參與者去評論議題的正反兩方面的意見。此舉在某些情境上顯得特別重要，例如有時候，焦點團體的參與者習得一些無謂的常規或慣例而變得過份挑剔；像是在機構中的員工、學校中的學生、或是軍隊中的人員習慣於批評掌權者是可理解的。當參與者開始朝向負向的面向大肆批評時，轉向關注於研究者不想探討的層面時，主持人可試著介入「轉檯」（turning the tables），扭轉到正向層面討論，例如：「那在這樣的組織中工作到底有沒有什麼優點呢？」「當一位學生的角色有沒

有比較有利的部分呢？」

　　通常由正面的話題轉換到探討負面時平順地進行是可以的，但要注意這樣的過渡歷程是否過早。比較好的且可預知的情況是：當正在討論的都是正面的特質，某位參與者可能不同意正面的陳述，冒出相反的觀點；此時是可輕易地引導到負向的討論，可以暫時停止進一步正面特質的探究。此時主持人需要出面運用輕度的掌控，鼓勵團體先快速完成正向特質的討論，然後再轉移到比較不討喜的層面。

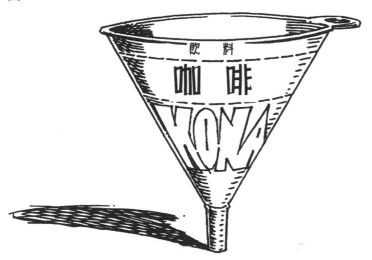

（三）沒有提示(uncued)的提問先，有提示的提問在後

　　一般的通則是比較沒有提示的問題先問，然後才給予提示激勵另外面向的討論。例如，主持人可以這樣問一個沒有提示的問題：「鄰近地區的人需要的是什麼樣的服務？」在提問被討論之後，主持人可以進一步列舉一些類別來幫助鼓舞另外的想法，（例如：兒童、青少年、年輕的子女、年長的家人等有無特別的需要；需要存在安全、健康、保育、工作等方面嗎？）還可以再問：「聽完上述這些類別外，還有沒有想到其他方面的需要？」

　　如果研究者特別感興趣的是要探究青少年的需要，但沒有人提出這方面的意見，因而無法瞭解青少年的需求到底是不是此一社區的重要需求或是只是不巧地被大家所忽略了。此時研究員就必須提

示。提示的本身是需要精心規劃的，而且必須在團體討論前就設計好了。提示的數量不宜過多，也必須合理且周延。

在採用有提示或無提示的題型時，如果能納入之前提過的總括型的提問也會有所助益的。這類的提問是要參與者找出一個他們認為最為重要（或是最核心、最需要提出等）的層面（關注焦點、需求等）。參與者的回應通常都對於後續分析結果大有幫助。因為分析常有的盲點就是：預設了在焦點團體最常提及的觀點就是最重要的。

第四步驟：估計每個提問所需的討論時間

焦點團體的生手研究員還有一項常見的錯誤，就是一場次中問了太多的問題。有些研究規劃了三十個討論問題，但想想看一場兩小時的團體，要完整討論完所有題目等於是以每四分鐘一個提問的進度進行，在這麼短的時間是很難期望獲得深廣的討論的。如果不能提供充足的時間來詳細討論，結果難免只能獲取表面的、蜻蜓點水式的訊息。

焦點團體通常是兩個鐘頭長。成功的團體也曾用過更少的時間去經營，特別是針對兒童、青少年的團體、或是焦點具體且明確時，更不要超過兩個鐘頭。有時也會聽到超過兩個小時的焦點團體。然而，兩小時的討論對多數人而言已經是身心負荷的極限了——除非特別的話題、或是會談環境讓參與者覺得特別舒適，並能提供午餐或晚餐等。

草擬提問問線後，我們要預估每一個提問所需花費的時間，通常是每一題5、10、15或20分鐘。在一個兩小時的團體中，我們在討論開始時先留下一段彈性的時間等候一切就緒，約15分鐘左右。如果大家都很準時，我們也會立即展開討論。但是有時候，我們必須等候夠多的人出席才能開始進行團體討論。在結束訪談前我們也會預留一段時間處理結尾型的提問或是做總結（通常至少15分鐘）。剩餘的在90分鐘裡要分配給開場白、導引式、轉換式、與關鍵性的提問。先將規劃的各個提問所分配到的時間量累加以來，再來考慮是否需要適度的增刪提問。

預估提問時間時，可以依據下列層面來考慮：

1.提問的複雜程度：有些提問可以在一兩分鐘內簡單的回答完畢，例如：我們偶爾問非常簡單的提問，例如，「你們之中有多少人在學校餐廳中吃午餐？有的人請舉一下手。」有些提問則需要比較多的時間來討論，例如，「你覺得貴校提供的自助餐怎麼樣呢？」

2.提問的類型：開場白以及簡介式的題型不要花費太多的時間，而要把時間多留給關鍵性的提問上。

3.參與者的專業程度(expertise)：專家型的參與者在任何主題上都會比非專家型者想要表達更多的意見。因應之道之一是：給專家型參與者的提問數量要少一些。例如面對沒有參與過某方案的參與者，我們可能會規劃14個討論提問，但面對的是已經參與過該方案者，就縮減為只有10 個提問。

4.焦點團體的大小：9個人的團體在討論每個提問所花的時間可以比6個人所花的時間更久。

5.期望該提問被討論的深度：如果某個特定提問你並不需要深入的訊息，分配少一些時間。如果你需要深入的訊息，預留比較多時間讓參與者充分的表達意見或討論。

第五步驟：從各方面徵詢回饋意見

　　當討論提問完成規劃後，可以電子信箱e-mail或傳真給之前參與腦力激盪的研究團隊，請逐一瀏覽並提供回饋。通常不需要重新開會讓每位最初的團隊成員聚會來提供回饋，只需要請求這些人去思考下列問題：

●這些提問恰當嗎？它們是否有助於獲取你所需要的資訊類型嗎？
●你了解這些提問嗎？其中有沒有讓你感到混淆困惑的語詞？
●這些提問探討的主題是否不小心地叉開，變成了在討論其他的主題了？
●遣詞用字是否是參與團體討論者會使用的字詞？
●是否遺漏了什麼？

　　在研究團隊覺得滿意之前，通常要先經過不只一次的草稿修訂階段。因為要讓成員進行討論時你會有所收穫，有賴提問的規劃能搔到癢處，這些的確是需要不惜花費時間做好提問路線的預試(pilot)工作。

第六步驟：提問的檢測

　　我們可以在實際採提問進行討論之前，要先行檢測。有時可以採簡單的作法，找到與實際參與者大約同質的人員，將這些提問先訪問他們。此時，我們可以如同實施個別訪談般發問每個草擬的問題，但是必須注意以下兩種訊息：

1. 是否能夠輕易地提問這些問題？當我們提問時，遣詞用字是否通順、或過於艱澀？有些提問以書面呈現時似乎一目了然，但換成口頭問答時就變得詰屈聱牙。如果遇到拗口時，我們可以改變措詞的方式，讓它更口語化，像是在對談一般。

2. 提問是否會令人困惑？他們看起來是否猶豫過久？他們看來十分迷惑嗎？他們是否要求進一步的說明？果真如此，我們可以請他們說出困惑之處，也邀請協助我們修正提問，使它更淺顯易懂。

　　當我們歷經與若干人訪談檢測提問後，開始進行第一場的焦點團體。我們並不單純地召開一場次的焦點團體來專門檢測提問。因為招募一場次的焦點團體費時費力，因此我們仍會將這第一場次獲得的資訊加以運用分析，而不僅止於當作是一場的預試。如果某個提問在第一場討論中並不適用，我們可能在第二場次前會加以修正。在第一場焦點團體尾聲時，還可以請問參與者協助我們重新修正那些不合適或令人困惑的提問。

陸、提問路線一致性的重要

　　如果我們研究的目的，是要比較及對照各焦點團體間的反應，那我們應該保持提問的一致性。因為在各組中更改提問，可能會喪失了事後作比較的可能性。除了特殊情況外，我們都應該盡量在一系列場次的各場團體討論中保持提問的一致性；因為透過比較與對照，資料中的規律性(pattern)與主題(theme)才容易顯現出來。單一場次的焦點團體有時可能會得到有趣的資料，或是有用的靈感；但是研究者無法瞭解相似的結果會出現在另一個焦點團體之中。在分析階段，研究者努力以赴的是理論上的飽和，這種現象只有在一致的與重複的提問下才可能達到。

　　但是當你的研究針對不同類型的成員時-家長、學生、教師、餐飲服務員各為一組時──該怎麼辦呢？對各個不同類型的小組，你應當使用完全相同的提問路線嗎？假如你的研究 是要比較家長、學生、以及教師對於某一議題的不同看法，你必須保有一組核心的提問，面對各組時候都採用相同一致的問法。通常的情形是：關鍵性提問中多數問題都會重複出現在參與者的類型不同的各小組，以便於後續時候作對照分析之用。然而，你也會想要分別詢問一些問題，那是能激發專屬於特定類型參與者才擁有的經驗的。例如，如果要瞭解如何能鼓勵幼童在營養午餐時吃蔬菜水果，針對廚工等食物服務人員可特別詢問：「在學校中提供蔬菜水果給小孩吃午餐時，最困難處理的部分是什麼？」這類的提問可以突顯出提供伙食人員的工作困境，而廚工們擁有獨到的專業知識來回答此一提問；但是問其他類的參與者就會變得令人難以捉摸。

Focus Groups

背景訊息
考慮必須更改提問的情境

在進行焦點團體訪談時，有必要時更改或刪除部分提問，是個明智的抉擇。這種考慮適用於以下兩種情況發生時：

1. 當提問無法發揮其功能時。該情況通常發生在進行前幾場焦點團體訪談時。以下有三種徵兆顯示某些提問無法發揮其功能：

a. 當提問造成冷場或讓參與者感到挫折時。
b. 當參與者告知主持人無法瞭解提問涵義時。
c. 當參與者表示無法回答該提問時。

2. 當已經達到理論飽和時，或是回應獲得的資訊效用有限時。許多研究中，在第三到第四場次的焦點團體時就達到理論飽和了。如果你規劃比較大樣本的焦點團體研究，例如超過12場次的討論，當回應相似且可預期時，即使再多場次持續詢問同一類型的參與者，你的收穫也會有限。這時可修改提問，根據前幾場次已知的訊息來問，這樣可探究不同層次的議題，獲取進一步的資訊。

本章摘要

研究者常見的通病是，只因覺得「感覺很好」，而倉促地將訪談提問路線定案。彆腳的提問不但會造成參與者的困惑，而且難以進一步分析其本質。在本章，我們要強調的是要發展出良好品質的提問路線。而這些提問必須是：會話式的、清晰的或是簡短的；並包含開場白提問、導引式提問、移轉式提問、過渡性提問、關鍵性提問、以及結尾式提問。此外，我們也分享了一些讓參與者更投入討論的方法，以及建構提問路線的步驟。

1. 譯者註明：此處「提問路線（questioning rout）」類似質性研究所說的「訪談大綱」，不過本書作者特別區隔有兩類的訪談大綱，本章的問題題組 是提供一連串討論題目，這些題目都以完整的句子呈現，並將所有題目將以排序；另一類型是指提供簡短的、綱要式的討論主題或議題，是不必以完整的句子呈現的，作者稱爲主題綱要（topic guide）以茲區別。本章後段會詳細說明。本名詞在本書的出現會因爲脈絡的不同有不同的意涵，譯者會依據上下文交互採用其他相似的翻譯，包括題組路徑、問題（題項）題組、系列題項、題項的組合、題組提問的流程等。
2. 譯者註：本書第二章是「焦點團體研究的規劃」，可能是原作者筆誤。
3. 譯者：所得到的資料本質上是次序變數，不是等距變數。
4. 例如採與Likert四點量尺或五點量尺。
5. F即是Fail，不及格。

第四章　焦點團體的成員組成

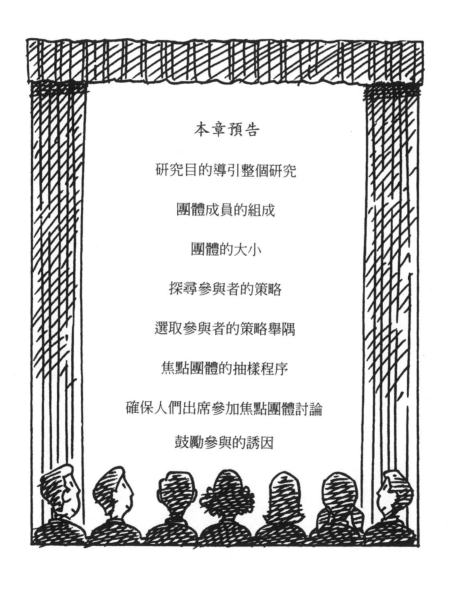

本章預告

研究目的導引整個研究

團體成員的組成

團體的大小

探尋參與者的策略

選取參與者的策略舉隅

焦點團體的抽樣程序

確保人們出席參加焦點團體討論

鼓勵參與的誘因

Focus Groups

　　焦點團體中應當邀請哪些人參與呢？多少人參與比較好呢？如何找出適合參與的人呢？用什麼誘因可以來鼓舞受邀者出席呢？應該進行多少場次的團體討論才夠呢？

　　公家單位進行焦點團體時，人們通常低估了招募參與成員的重要性。商界市場調查公司則往往高度重視受訪成員的招募，並且不惜投資大筆資金審慎進行。他們招募成員的運作方式在傳統上、限制上、規範上、與程序上都與學界的研究模式有別。

　　成功的招募可能不需要花費大量的金錢，但是一定需要費心的規劃。相對的，非營利性組織在鼓勵人們參與討論或活動時，往往採用比較傳統的方式，例如邀請信函、會務簡訊（newsletter）、或是會議書面或口頭通告。這些方式往往不適用於焦點團體的研究。一個組織如果熱切地希望獲取有價值的訊息，則必須另闢蹊徑，採取其他方式找到適切數量的適當人選與會。也就是要改採取有系統的、精心規劃的方式。

　　再者，公家組織可能會覺得以下這個傳統與價值是不可改變的：就是所有會談討論都要開放給大眾來參加。有些時候，這類組織的決策者會希望任何人、也是每個人都能參加焦點團體。他們把焦點團體看做是一般的公聽會，公眾對某些事項有意見不吐不快時，都能前來暢所欲言或觀摩他人。從某些層面來看，焦點團體不需要開放大眾參與，以免違反焦點團體運作時的要件，例如保有同質性的成員、容許表達意見的氣氛、以及有限的人數。

　　為了清楚說明可能因此產生的困境，茲以某個鄉鎮的投票案為例。該地政府想要新建新的消防局大樓，而原來已有舊消防大樓面臨待修的命運。雖然修補舊有的大樓比蓋一棟新樓所需要的費用更高，但是建造新消防局要通過一個困難的關卡，就是完成一項契約的簽約，而之前已經有過兩次會議闖關失敗的紀錄。前兩次有關簽約的議題都已循提案討論議程，並獲得表決的機會，但都無法通過全體委員的表決門檻。這次的提案，承辦的官員為了避免像前兩次一樣的功敗垂成，因此委託一家調查公司來進行研究，以評估這個議案在第三次投票表決中是否有機會成功。此家調查公司在該地區

內進行若干場次的焦點團體。當地民眾被邀請參加在區內各地舉辦的任何一場次、或是所有場次的討論。活動的通告或海報遍及有線電台、公家機構的佈告欄、零售商店、醫院；甚至報紙上也有特別的廣告。很自然地，參與人員來自各地，形形色色都有，討論時也像是開里民大會一般。研究公司在分析各場次討論後的總結報告指出：這次的表決將會有利於議案的通過。因此鄉鎮公所決定直接就該議案付諸表決。不幸的是，投票結果又是慘遭滑鐵盧，讓鎮長徹底的失望了。鄉鎮公所事後才發現，反對興建者多是中年者，理由是他們擔心財產稅可能因為新建大樓而提高。這些中年人並未參加之前公開的焦點團體討論，但是他們卻進入會場參與議案的表決。

支持興建大樓者出席了討論會。反對者並未參與焦點團體，卻出現在表決的會場上。此一研究就是由於未能審慎地選取參與討論的成員，因此造成了事後令人困窘的誤判。再者，基於極少場次的焦點團體討論，而要推論或推測到比較大的母群體時也是會有風險的。

警示
非營利性團體往往難以找到參與者

非營利性團體在尋求焦點團體的參與者時往往遇到困難。他們會假定參與者就像是志願者一樣。然而，志願者的參與動機與焦點團體的參與者大不相同。志願者已經為了該組織付出心力，他們免費付出了時間與智慧。想想看那些不曾為該團體犧牲奉獻的人，有什麼是能夠讓他們樂意參加討論的呢？也想一下，是什麼會讓那些人根本就沒有意願參與卻能夠出席參加討論呢？

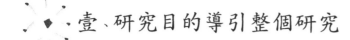

壹、研究目的導引整個研究

在構思焦點團體中要邀請哪些人的時候,可以回顧一下該研究的目的。焦點團體的目地通常是要描述某一類人們對某事物的看法或感受——這些成員是有一些共同點的。你關注的是哪一類型的人們?哪一類型的人們才能提供你所想要的資訊?於此,研究目的應該是考量組成成員的指導原則。早在敘寫研究目的時,就應細膩到能突顯出研究對象的類型,也就是參與團體成員具有哪些本研究所關注的特質。例如,研究者可能事前就鎖定社區居民為研究對象,但是之後,經過某些考量,縮小範圍到十八到四十歲之間的未婚居民。有時候,可以採取稍微廣泛的方式來描述參與的成員,例如家庭主婦類、青少年類或是某一區域的居民。

考量焦點團體組成成員時,可從三個角度思考。第一個考量的要素是研究目的。其次是將所有你已經擁有的、與符合參與特質的某些可能人選或所屬團體的一切資訊匯集在一起。這些符合需求的可能人選有什麼特色嗎?容易加以辨別嗎?可望邀請得到來參與嗎?在焦點團體中,目標是要找到同質性的成員,但是並沒有精確的法則來決定成員是否是同質性。基本上,這是要靠研究者的判斷,判斷的依據是對於符合參與者特質和相關情況的了解。

第三,研究經費預算會影響成員特質的詳細程度。關於研究預算,研究者需要做出一個決定:簡單來說,就是你的財力足以進行多少場次的焦點團體?另一種問法是:你願意花費多少經費來進行那個研究?如果資源不足,僅能進行三場次焦點團體,要考慮選取哪些成員才有可能提供給你最意義的資訊。

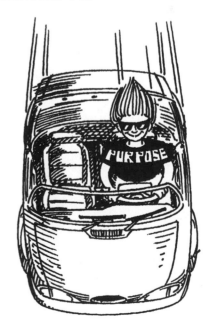

Focus Groups

　　設想，某宗教團體想要運用焦點團體來尋求哪些方式可鼓舞非教友來參加宗教禮拜活動。該宗教團體先要決定他們想要吸引入教的是哪種類型的人們：青少年、新婚夫婦、單親家庭、老年人、特定住宅區的居民等。如果想要尋求的是若干種不同類型的成員，我們會建議你就下列每一種類型的成員進行系列的焦點團體：青少年、單親家庭等。有關研究經費預算的考慮是，某類訊息值得投入多少資源？假設探究一類型的團體成員需要資源量數X，探究兩類型的團體成員就需要資源量數2X，探究三類型的團體成員需要資源量數為3X，依此類推。研究預算應該包括進行焦點團體的實際花費、以及進行該研究所需的義工志願者所能貢獻的時間長短。

貳、團體成員的組成

　　焦點團體雖然是以成員同質性（homogeneity）為特點，但是也要求取參與者同中有異的特質，也就是具有充份的變異性，以便獲取具有可比對的意見。所謂的同質性，係指成員具有研究者感興趣的相似特質，諸如下列幾方面：

＊*職業。*（你想要探索美國國內開業牙醫的專業發展需求。）
＊*過去曾參與某方案或是使用過某項服務。*（你想要評價一個教育方案、採取的策略是比對近幾年來該方案修業及格的學員、以及修業未完成中途退出的學員。）
＊*年齡。*（你想要與青少年討論吸煙的議題。你進行的焦點團體討論有的是針對初中一年級學生的團體小組、有的是初三學生、有的是高中二年級學生。）
＊*性別。*（你想要訪談的對象是在攝護腺病變檢定中呈現陽性反映者，以便於瞭解這對他們的生活品質有什麼影響。）

*家庭特徵。（你想要對談的是最近幾年來家中有小嬰兒的婦女，旨在針對剛生育頭一胎的新媽媽所設計的方案規劃將有所助益。）

　　我們關心同質性至少有兩個理由。其中一個是為了分析的目的；另一個是為了安撫參與者——參與者的特性如果差異太大將會影響他們能否願意分享心得的程度。

　　在分派某些參與者在同一個討論團體時，要考慮到事後的資料分析。如果你想要比較和對照不同類型人們的觀點，你必須把這些不同類型的人們分派到不同團體中。例如，如果要分析使用者與非使用者的觀點，將這兩類人分別屬於不同場次的團體討論時，要比在混合編組中容易多了。因此，如果你的研究興趣在於比較不同類型成員意見的相同處或是相異處時，將他們分開，進行系列的團體討論，同一場次都由同一特質的人員參與。

　　與此相關的是，不要誤以為任何一個成員都可以代表他(她)的鄰居、種族、性別、或是文化。每個人只能為他(她)自己發聲。然而，當有人提問時，每個人都可能會試著提供他(她)設想中的、他(她)所屬族群的意見；但是這個所屬族群的意見可能本身就十分地分歧。如果你想要攫取某一類型人們的意見，就必須找出該類型的人們，找出進行夠多場次的焦點團體。焦點團體中的成員如果特質迥然不同，那就無法敏銳地發現其中次級團體成員的意見傾向。

　　除了分析資料以外，我們考慮同質性的另一個理由是：上述參與者會在團體討論中意見分享的程度。我們期許參與者在分享過程中能輕鬆自在。不同特質的成員混合編組到同一場次會成效不彰，就是因為成員對其他類的生活風格(life style)或情境的認識不足。例如，將不同的生活風格或生命階段不同的人分派在同一組時要特別的謹慎，除非該主題明確地與生活風格或生命階段無關。最近我們正在進行孕婦的焦點團體，藉由她們來協助我們規劃適合新任媽媽們的保健與教育方案。我們選取的唯一標準是特定鄉鎮的孕婦。其中也曾經遇過一些不想懷孕的少女，他們表示不希望與那些年滿四十歲數經過人工受孕，長期熱切盼望才首次懷孕的婦女們分在同一組討論。這些年輕的準媽媽在團體中顯得沈默許多，也觀望或順從他人的意見。事後來看，如果之前把這些懷孕少女都分在同

一組可能會好得多。研究者要求取兩端的平衡：一方面是在同一組內的成員特質有夠大的差異性，以便於分析時可以作個對照；另一方面特質上的差異不要大到讓成員受到壓抑，放棄堅持個人真正想法，一味地順從或接受那些看來比較有經驗、比較有知識或有教養的成員。

有時候，男女混合編組的團體並不妥當。男士們傾向於在女士面前一再地發言，也表現得比較有權威的樣子——有時稱做「孔雀效應（peacock effect）」——而且這種行徑會惹得女士厭惡。

另一個相關的議題是：可否將夫妻雙方編入同一場次的焦點團體討論？此時，配偶的某一方傾向於保持緘默，僅只是靜靜地順從著比較擅長表達的另一半。即使當這位沈默的配偶持反對的意見時，他(她)也不願意提供意見——就算主持人警覺到他們有意見可發表，但在採取不斷鼓勵、甚至懇求的方式下也無法奏效。結果，我們可以發現表面上有著四對夫妻的焦點團體，結果只有四個人在討論，他們的配偶都顯得格外地安靜。

參、團體的大小

有關焦點團體的人數多寡，一般而言，商界的市場調查研究通常會建議以十到十二人為宜。然而，當處理主題很複雜或者參與者具備豐富相關知識的情境下，這樣的人數顯得太多。以大多數無關商業化的主題而言，焦點團體的理想人數是六到八位參與者。不要邀請超過十位以上的參與者，因為如此會變得難以掌控，並且也會限制了每位成員相互分享卓見和觀察的機會。再者，當成員有心卻無法表達他們的經驗時，團體動力就會改變。例如，當成員沒有機會在會談中當眾分享其經驗時，他們就會傾斜身體，轉向旁座者交頭接耳，竊竊私語。這種現象就是顯示其所處的討論團體人數太多

了。現在大約四到六人的小型或是迷你型的焦點團體越來越普遍了；理由是比較小的團體比較容易邀請得到參與者，也比較容易主持，成員們也覺得比較自在。迷你型的焦點團體也有缺點，那就是由於人數太少，限制了所分享的經驗的廣度。四個人的經驗廣度可能遠不及十二個人的經驗廣度。

有時候在決定團體理想人數時，提問路線和參與者的特性也會提供線索。如果提問旨在釐清人們的經驗，研究者通常都會想要有更多深層的洞悉，此時通常採用比較小的團體比較容易達成目標。而且，當成員有著與主題相關的大量資訊想要分享、或是與討論的主題有著深刻經驗時，比較小的團體是比較合宜的。例如在討論到特殊教育時，家中有子女參與特殊教育方案的父母有許多意見可以分享。他們在這方面的感受特別的強烈。他們也往往樂於分享其他人在這方面的小秘訣或相關訊息。基於他們的熱心與深刻經驗，明智的作法就是規劃比較小的團體讓每位成員都能有機會分享。當提問的作用在於做先導性(pilot)的測試某些產品或是理念，而參與者對該主題還沒有夠多的意見可以表達時，較多成員的團體（八個人）可望運作順利。例如，參與過某方案者會比從未接觸過者有更需要發表的機會。因此，以非使用者或無參與經驗者為主的團體人數可以比已使用者的團體人數多一些。

肆、探尋參與者的策略

以下有若干策略可以用來找出適合焦點團體的參與者：

一、鎖定名單：

儘可能找出現成的名冊來進行過濾，並勾勒出一個可能找到適合參與者的名冊。利用名冊是省時間又經濟快速的。這些名單包括委託人、雇員或雇主的現有名冊，也可以是曾經使用過某機構的服務項目的人員名單。若有需要，試著取得其名字、電話號碼和地址以外的資訊。某些機構可能擁有顧客社經地位、員工的服務年資、年齡與教育程度等特性的資料庫。這些額外的人口統計學的指標能用以篩選可能的參與者。確認此名單有著最新的資訊。有些名單保存得很好且不斷地更新，但有些卻有著嚴重的錯誤。

一旦選定了挑選參與者的標準後，研究者可以聯繫社區中現成的機構組織團體，以便瞭解是否具有合適的人選。試試看可能在宗教團體、社區社團、娛樂性團體內的成員是否有你要找尋的人員。有些團體不願意提供成員名單，或是對於提供成員名單有所規範。如果研究者能夠誠懇地解釋該研究內容，以及研究歷程或結果可能對該團體機構或社區可能帶來的益處，則比較容易獲取團體或機構的合作。向他們解釋你的研究不是商業交易，參與者是自願加入的、可隨時決定退出團體討論、而且可以因為付出時間得到某些有紀念性的小禮物。在非營利性機構中，有時候可以有技巧地將協助獲取焦點團體可能人選的名單也當作是對該機構的一種貢獻，並對此舉給予相當的肯定。

二、搭便車式的焦點團體：

搭便車式的焦點團體(Piggyback focus groups)是附加於另一事件、會議或場合之上。參與者是爲了其他的目的而聚集一起。焦點團體的進行則是在會議間的空檔時間，或是在用餐間，或是在會議後，以免干擾了原來集會目的。專業協會或特殊利益團體擅長運用此一策略，特別是當成員需要具有全國代表性時。例如，你想要進行以全美各州學校校長爲對象的焦點團體時，可先探詢區域性或全州校長會議日期，然後運用校長開會期間妥善規劃焦點團體。

三、當場募集：

越來越多的焦點團體是在當場進行招募的(On location) ——在參與者前往從事休閒、購物逛街或其他活動時所在的地點。負責招募參與者的工作人員站在入口必經道路中、大廳中廊等地點請人們暫停，透過若干題目過濾遊客是否是適當人選，然後邀請合適者參與焦點團體。招募工作告一段落後，焦點團體隨即在便利的地方展開。採用這個方法要特別注意挑選到的成員是否具備所要求的特質。當研究目的與成員的出現或參與某活動有關，這個方法值得一試。有些非營利性機構能夠就地招募遊客成爲受訪者參與討論，就是運用該機構所能夠提供的設施服務來作爲酬賞。例如，某些自然生態資源中心、動物園、育樂中心可以採隨機分配的方式，攔阻通過大門入口的遊客當作訪問的樣本，邀請他們參加團體討論；鼓勵參與的誘因可以是提供下次免費參觀門票。

最近，某州生態中心想多瞭解點有關參觀者在州公園的旅遊經驗。他們培訓州立公園雇員們針對遊客進行焦點團體。在設定的時間內，當遊客的車輛進入公園時，公園的職員就上車向遊客提出特別邀請：「我們想要從你們的團體中邀請一個成年人參加今晚7:00舉行的、長達一小時的團體討論。我們想要討論的有關這個公園的事，你們的建議對我們而言是重要的。假如你們之中有人願意參加我們的討論，我們將免費提供露營烤肉專用木柴一捆。」

四、推薦：

　　社區研究中的一個有效策略是請託中性團體推薦（Nomination）提供名單。這些的成員通常都有機會認識許多社區中的人士。他們可能是當地的商人、店員、或是有影響力的人士、或是隨機選取的居民。第一個步驟是要以客觀可觀察得到的角度來找出參與者的特性，然後透過多元的管道來獲取推薦人選名單。每一類型的管道只要尋求若干推薦人選，這樣可確保參與者混合了不同層面的特性。接著，就這份推薦名單中隨機地選取人員來邀請他們參加團體討論。例如，如果你要找的是年長的公民，且住在社區內並擁有房車，你必須分別請當地服務性機構團體、其他年長的市民或與中性團體者做過生意的商人推薦。假如你想找出社區裡至少有一位孩子唸高中的家長，而卻無法從學校取得名冊時，你必須轉而請教當地公園和娛樂單位管理員、店員或隨機地選取若干青少年。

　　推薦策略的另一種形式是滾雪球抽樣（snowball sample）。在滾雪球抽樣裡，你可請教已經經過初步篩選、列入推薦名單的人。此一策略背後的邏輯是：人們通常是物以類聚的。此時，研究必須對於社區或個人有明顯的利益才可行；或是必須藉助其他形式的誘因，鼓勵人們參與。滾雪球抽樣可以在下列兩個時機中進行：第一，當與最初挑選出來的人選碰面時，可以詢問他們是否認識具備在焦點團體符合特定特質的其他人選；第二，你也可以焦點團體做最後結論時才提出來徵求推薦名單。

五、斥資委請代理商提供粗篩／選取的服務（screening／selection）：

　　此一策略是指全美大部分都會地區大都會有的服務，常用於商業市場的調查研究公司。這些公司代理商建有包含人口特徵分類的、潛在焦點團體參與者來源的人名資料庫。此外，如有需要，他們也會附帶提供透過電話篩選後的名單。這些機構表列於美國電話簿中「市場調查」的分類廣告欄中。粗篩與選取服務通常是需要付費的，而且相對而言是比較昂貴的。

六、電話隨機篩選：

　　商業市場調查公司通常也會使用電話隨機篩選(screening)。典型的過程是先從電話簿隨機選取若干人名；接下來則運用一連串篩選性的提問來確定這些被電話訪問是否適合焦點團體討論的設定標準。

　　當研究者尋找的是具有特性相當普遍的參與者，電話篩選是最有效率的。當篩選的人數增加，此一程序的效率會降低。例如，想要取得職業婦女的參與者，需要打給五十個家庭就能找到二十五位職業婦女。然而，其中可能只有十位能夠、以及有意願在指定的時間參與焦點團體的訪談。如果篩選的要求標準有較多的限制時，例如職業婦女的家中有介於5到10歲的孩子者，則靠著打電話選取的效率會降低。

　　再者，電話篩選過程的效率會受到訪問技巧的影響。電話中若能傳達感興趣、熱誠、友善與親切的邀請，是最有效能的。最友善與誠懇的電話交談並必需能顯示出你所蘊含的熱情以及對訪談內容感到高度興趣。多年前，我們有機會與市場調查公司合作，來幫助某個社區中的一個非營利組織。此非營利組織已雇用許多大專學生，並使用預先設計好的電話訪問稿。學生發現那些通過篩選的、合於選擇標準的受訪者往往辭謝參與討論的邀請。形成強烈對比的是：當專業的主持人開始投入作電話徵詢時，答應受邀請者比率顯著增加。專家能傳達信賴感、親切感和誠意；這些是經過多年的經驗累積出來的。由於透過電話邀請的方式通常容易令人起疑心，邀請者需要更高的溝通技巧。

七、在報紙及公告板上登廣告或公告：

　　媒體廣告是一種市場調查公司慣用的招募策略。例如，「最近想買新車嗎？請打765-4321給Ruby」。或是在公寓的布告欄上貼的小廣告：「徵求資源回收空罐、玻璃瓶、與紙張的公寓住戶參加市場調查研究。不是廣告，合格參與者備有酬勞美金25元。預知詳情，請電876-5432，找Cynthia　McArthur。」

在某些特定的情況下，廣告是有效的，但開始吸引注意力的是提供參與者現金作為酬賞的誘因。結果，此一策略的一個風險是：因為25元酬勞才上門者可能在某些特質上與那些看了廣告沒有採取行動的人是有差別的。[1]

當你已經具有可能參與人選的名字、電話號碼和背景資訊時，探詢與招募焦點團體成員的歷程會輕鬆許多。現有的通訊錄、成員名冊、或組織的文件記錄等能幫助確認可能人選。如果你手上沒有類似的名冊，招募工作可能會花費較多時間與精力。

 伍、選取參與者的策略舉隅

本小節會先介紹一些經驗法作為選取人們參與焦點團體的指導原則。這些法則接著會交錯編織成若干選取時的實用策略。首先，以下是選取過程中一般性原則：

一、 設定精確的特質加以篩選

儘可能確立這個焦點團體成員中你所需要的特徵(Set exact specification)，人口統計學上的、和可客觀觀察得到的。此種特徵，謂之「粗篩」。例如：參與者必須是女性(粗篩1)；來自Dakota州的鄉鎮(粗篩2)；有一個1歲以下的孩子(粗篩3)；第一次當媽媽(粗篩4)。 當不得已要使用無法客觀觀察的因子如態度、意見或價值等當作篩選標準時，要特別謹慎。只有在具備沒有偏見的實徵數據之下時，才考慮使用。

Focus Groups

二、 控管選取過程

　　研究者應當能有效控管選取過程的品質。有時候我們會建議研究者委由他人決定如何選取成員，或是運用一些選取的策略。當委由他人進行招募工作時，他們應當能完全瞭解該研究的目的，以及應當用來選取與篩選人選的策略。提供精確的指示。例如，假定郵局想要針對五個大城市資深的郵件分類人員以及會計進行焦點團體。應當徵詢現場線上工作的督導，因為當員工因為參與討論缺席時，會降低該處的生產力。督導們必須被告知、且同意讓這些員工暫時停止工作參與訪談。由於經費預算限制的考量，此時的研究者可能無法進一步地進行實地拜訪，親自進行員工的篩選，並決定最後的參加人選。此時不得不完全仰賴當地的督導，委請全權決定從其下屬員工中正確地篩選出夠多的、且能在焦點團體進行時離開工作崗位的參與者。除非研究者事先設計好精確的選取原則指導說明，否則挑選出來參加的成員可能不是典型的員工類型。

三、善用贊助機構的資源

　　在公家與非營利機構有利的一種策略是：運用研究者謹慎發展出來的逐字稿(protoco1)，加上機構的技術與優勢去招募參與者。假如一所大學需要進行針對畢業校友的焦點團體，找出校友們所偏好的、被告知學校發展狀況的方式。而且假設該大學預算吃緊，又假定如果校友辦公室職員能協助處理招募作業，則該大學能進行較多類別校友焦點團體。此時研究者可望運用校友辦公室的資源——包含人口學背景資料的各年度各系所畢業生名冊可用以做初步篩選參與人選、該校友會職員能夠協助打電話聯絡校友、以及該大學與該校友會的頭銜具有一定的聲望與法定權威來促進聯繫的順利進行。雖然調查公司能從事上述所有的工作，但花費一定很大。然而，研究者必須明確展示選取的需要步驟，教導校友會職員如何進行電話邀請參與討論，和準備正式邀請的信函。

Focus Groups

四、小心偏見

選取時的偏見可能會以微妙、難以捉摸的方式產生，而且可能嚴重地腐蝕研究的品質。以下僅提供若干實例：

* 切忌僅憑記憶挑選參與者。記憶是有限制、也是有選擇性的。那些容易被想起的人名有可能在實質上有別於隨機從研究母群挑選出來的人。
* 切忌挑選某些參與者只因他們表達過對這個研究主題的關切。例如，當機構中的督導過度有責任感地詢問了有關研究的目的等相關問題後、可能會根據來自研究者的解釋回應，立即閃入腦海許多相關的人名。這些人名可能包含過去表示過對主題的關懷、生氣或挫折失敗者。其實督導只是假定如果要讓這項研究更好，可能需要給一些質問與提供適切的人選，而且這樣也可以顯示給員工看，他/她對於員工的意見十分在意，才會慎重推薦去參與討論。
* 切忌挑選到參與者只是因為他們是督導員的同類。所謂英雄所見略同，人類傾向於相信那些跟我們想法類似者是明智的。他們的邏輯、詞彙和價值是有意義的。督導們可能會出於善意地、但不自覺地選取與他們觀點相似的人。
* 切忌挑選出參與者不是屬於主流派(mainstream)者。在某種情況，督導員可能不願釋出最有生產力的從業員去參加焦點團體。如果非得指派一個人要代表團體參與焦點團體訪談，而因此增加的工作量對於同一小組的成員會產生額外工作的壓力，因此督導們傾向於派出工作生產力較差者(deadwood)—雖然這不是研究者所樂於見到的。這樣一來，你可能會不當地網羅到一些不符合研究興趣的員工、或那些與組織意見不合者或被排擠在外者。

五、從你的可能人選堆裡隨機選取：

隨機化有助確保挑選是在一個無偏差的範圍區內進行的，基本上給在可選擇的母群(pool)內每個人均有相等機會被挑選到。然而，只有當你的可選取區域內可能人選都能符合你的選擇標準時，隨機化才能有效運作。隨機化很少用於全部的母群，通常只是及於通過選擇性的粗篩者。因此，即使我們採用隨機化來減少偏差，我們也可能於實際上有著錯誤的篩選機制。

六、兼顧成本與品質

許多因素都增加招募成本，以下僅僅列出其中若干項：挑選時太多層的粗篩、粗篩的選取值基於難以客觀觀察的因素、潛在的參與者躊躇不想來參加、無法有力解釋所要進行研究、研究贊助者的形象不佳、訪談地點或時間是不方便的，或是看不出參與能得到什麼利益。實際的情況是，在許多情境下，招募的方式可以是多元的，每種方式需付出有不同的成本、有著不同的效率、和不同的挑選品質。所謂品質指的是找出適當人員的能力。同時，妥協是難免的，像找出可變通的地點或放棄一些挑選用的粗篩。有時能經由腦力激盪找出有創造性的變通方案。

七、無使用者可能會難以指認出來：

許多機構旨在獲取無使用或參與經驗者的意見，但招募他們(Nonuser)相當困難。通常，對於非使用者缺乏可靠的名冊。如果使用者沒有覺察到或不確定他們所使用的產品或服務時，即使有他們的母群的名冊還是沒有太大實用價值。我們發現在某些到處存在的服務機構，諸如合作推廣部門(cooperative extension)，居民不認為他們自己是使用者；但事實上他們的確使用了組織提供的資訊。在「非使用者比較難於找到」這個經驗法則中，經常是因為可靠的篩選提問是需要更加細膩地設計；在某種情況中，則只是因為使用者並未察覺到他們就是使用者。

八、不同特質的使用者可能會影響研究結果

不論是公立或私立的組織或機構，都會想要從其使用者尋找改進的卓見。他們經常會發現這些使用者使用的頻率與深度不同，無論你的組織提供社會服務、資訊或麥片粥早餐，有些人的涉入或使用次數總比別人多、或比較深入。這種現象會影響你的研究嗎？例如在一種研究中，以二種不同指標將教會成員分類：參與教會服務的次數、以及每年捐獻金錢給教會者的多寡。捐獻金額的多少並不是精確的測量參與深度的指標。但在研究涉及教堂興建工程方案所需要捐獻的財源多寡，如果真的希望興建計畫這項工程可望實際進行開工，瞭解成員能在財力上提供支持的程度是很必要的。

九、沒有哪一種挑選方式是完美的：

在決策時，我們會盡可能運用所有的知識來作出最佳的選擇。但是作抉擇時是會受限於我們個人的能力。我們可能忽略對問題某些看法、或忽略有獨到見解的個人。測試選取過程的方法是：你是否能向同僚與受委託的雇主成功地界定說明選取的過程。必要的取捨（trade-offs）經常會發生，需要衡量特定取捨後可能的偏頗、或針對造成成本損益分別加以估算。

陸、焦點團體的抽樣程序

　　當研究者採取焦點團體訪談時，他們可能仍潛在存有若干本屬於實驗性或量的研究的既定思維、知識，以及程序。有些程序可立即調整，其他則非如此。

　　以隨機抽樣為例來說，大多數研究者固守著這項程序。由於隨機抽樣在他們過去的許多的情境都是合適的，使得他們認為也會同樣地適合於一般質的研究，包括其中的焦點團體訪談研究。選樣時，隨機化是排除偏見不可少的，也就是說，所有的參與者都有相同的機會參與研究。當要進一步從樣本推論到較大的母群體，隨機取樣便顯得特別適當，因為其中預設了研究中涉及的意見、態度或任何其他變項是常態地分布於母群體中。因此，足夠大的樣本人數可以取代對整個母群體進行普查[2]。

　　但是要記住，焦點團體的本意並不在是作推論，而是理解；不是形成通則(generalize)，而是探究意見的廣度；不在敘述母群體的特性，而是對人們在團體中某議題的意見來獲取洞見。在焦點團體中雖然會運用到某程度的隨機化，但這不是選樣的主要考慮因素。

　　當焦點團體採用隨機化時，經常是為了排除個人在選樣時可能存在的固有形式之偏見。通常的情況是，會蒐集到的人選名單比研究所實際需要還要多的數量，在此情況下再來採用系統抽樣或隨機抽樣。例如：欲在200人的名單中抽選十人，若採系統抽樣中，每隔第n個數被選取，名單上每隔20人選取一個樣本；若是採取隨機抽樣，則是先將姓名或身分證字號製作成籤條放入一個帽子或盒子中抽選出來，或將每位人選編號再從亂數表中選出適當樣本。

　　前文雖然提到研究目的會導引樣本的挑選，實際上的考量與準確性也會左右選樣的歷程。無論採用多種抽樣策略的哪一種，必須要關切該策略可能扭曲資料的程度。設想他人對你有關選樣方式的質疑，並要能夠堅定你作選樣決定背後的理由。

七、確保人們出席參加焦點團體討論

　　我們過去開始進行焦點團體的一些慘痛經驗就是：出席與會的人太少。當時我們採用邀請人員參與的方式是比照其他類型的會議、專題討論會、或是工作坊雷同的方式。當事後分析檢討時，我們比對了市場調查人員所採用的方式。結果發現主要缺陷在於下列幾項：我們是在邀請人員參與一項他們可能一無所知的主題、表面看來也似乎不是特別重要的議題、卻期許他們要全力以赴；邀請的方式並未顯示出是針對受邀請者個人的特色（personalized）；發出邀請後並未進行追蹤；忽略了某些受邀者有季節性的工作負擔，難以分身參與；未能建立社會性或是組織性的人際網絡；而且並未能提供出席的誘因。當時在漏洞百出的設計下還能夠有人出席反而真的應當讓我們驚奇才對。

　　在招募成員之前，明確地設定你要如何描述所將進行的研究、贊助者是誰以及這個研究的重要性在哪裡。你也許可以找同事、鄰居或是親戚來試著演練一下，以便於測試你的解釋是否能夠打動人心。問他們你的解說聽起來如何？夠誠懇嗎？夠直接了當嗎？吸引人嗎？夠完整並讓人覺得自在嗎？市場調查公司通常都不會告知誰才是研究者真正的贊助機構。他們只會說這是某一類型的產品——像是汽水飲料、農藥等殺蟲劑、或是汽車等。他們會避免說出是哪一項特定品牌的產品，以免參與者早先就已經有了成見在心中。贊助的機構通常都想知道他們公司的產品、服務、或是機構在市場上的銷售競爭排名如何。如果受訪者知道了研究的贊助機構，他們在排名次時可能已經包含了偏見在內。市場調查人員知道民眾會想知道誰是背後的贊助機構，制式的回應就是提供一個不會影響受訪者後續反應的答案。在焦點團體訪談接近結束的時候，主持人可能會提供有關贊助廠商與該研究真正目的等進一步資訊。

　　私人企業隱藏贊助的身份與研究的目的是可以接受的，但是換成公家單位就會受到抨擊。當公家機構刻意模糊隱瞞而有欺騙嫌疑時，可能會招致大眾的攻訐。大多時候，還是完全的公開比較好。

　　在為公家部門進行焦點團體而招募成員時，負責招募者要能夠輕易地回答下列這些問題：這個公家單位為何對於這個研究主題有所關注與興趣呢？誰會獲利呢？根據研究的結果能有哪些後續的行動呢？

　　邀請的方式要力求個別化。每個參與者應當感受到她/他擁有獨特而個別的身分與特性，是這個訪談所必要的。負責進行電話邀請的研究團隊成員應當接受特別的訓練與練習，以便能夠表達出邀請參與的熱絡與誠懇。邀請時候的用語如果讓人聽起來好像在唸稿子，那就會顯得不夠誠懇。邀請時候應當強調受邀請的人選都具有特殊的經驗或是卓見，對於所進行的研究將有重大貢獻。利用影印機印製出來的制式A4大小信件不能達到個別化的效果；改採──郵寄──寄信箋的信紙並加上主持人親筆署名。

　　招募時還要進行必要的的後續活動，且應採用有系統的程序，包含下列一系列的行動：

一、安排會談見面時間、地點

　　第一個步驟是要選取團體討論的時間，千萬不要與民眾通常的作息或喜愛的活動時間相衝突。設想參與者最方便參與的時機。如果事先預告，有些人的活動行程可以調整的。但是例如農民、稅務諮商員、某些郊區的小商人、以及教師們都是例外。焦點團體最好是在上述這些參與者工作淡季時實施。例如，以美國中西部農民為主的焦點團體時，會避免在四月中旬到八月初期、以及在九月初到十月底的農忙季節。我們也會避開受歡迎的體育運動賽事（例如地區性或大學盃、世界盃系列比賽，週一晚上橄欖球賽等）；全國重大事件（政治集會或選舉等）或電視收視黃金時段、秋季開始的電視連播劇等時段舉行會談。

　　謹慎考慮焦點團體舉辦的地點。做決定時候，要先想到參與者。先找研究團隊的成員、該地區的專家、有影響力的人物以及可能的人選談談。可以先問一下下列問題：在哪裡才能讓參與者會比較自在？對他們來說怎樣較方便？在什麼類型的環境他們能較自然地聚在一起討論？上述的場地有無不利於溝通的缺點——例如建築物本身或是房間會激起負面的情緒反應？或是不利於討論的進行？

　　從參與者的角度來設想理想的討論環境。想想看，一般來說，在真實生活中，人們會在什麼場合討論這個主題呢？會在某人的家中嗎？在社區的公共場所中嗎？當地的旅館嗎？工作場所中的會議室中嗎？會在壁爐爐火旁嗎？

　　選擇一個容易找得到、安全，交通便利並有足夠停車位的地點。

　　再來要考慮研究本身的要求。你可能會需要一個免受視覺或聽覺干擾的地方。遠離噪音很多的場地。會場中的桌子並非必要的，但是要求參與者作筆記、條列事項或寫草稿時候倒是一個便利的要項。桌子也可用於放置麥克風。還有，需要場地作為代理照顧參與者子女嗎？你需要找另一個房間裝置單面透視鏡，以便於研究者觀察用嗎？在許多大城市中也不難找到專業的焦點團體場地，研究者可以在租借到活動場地之外，額外付費取得招募時的相關服務、茶點招待、視聽錄音設備、接待人員等。這些當然也會嚴重地限制了可用的會談場地，以及會增加預算的費用。

小秘方
試著讓參與會談便利以及有吸引力

　　先試著讓參與會談便利、舒適以及有吸引力。排除會阻礙參與的因素，例如照顧子女、交通、開始的時間、交通距離等。設想一下不利於參與者參與的因素是什麼？試著加以排除。試著考慮如何改善，讓會談更爲便利與有吸引力。

二、與潛在的參與人選個別地聯繫

　　一旦你確定時間後，要與參與者聯繫。重要的一點是要讓這一次的聯繫直接且個別化。這種聯繫通常是在焦點團體會談前兩週進行。若聯繫的是排滿行程的大忙人或是專家學者，可能要在一個月前或更早的時間就做聯繫。

　　近來，人們往往對於不明人士的來電懷有戒心。如果你能早一些打電話與預定參加的人選個別的聯繫會好一些，例如下列：「鄰近區域(Neighborhood Connection)的強森先生(Robert Johnson)說你可能會願意協助我們這一場次會談」、或是「我從Martha Sanford那裡得知你的大名。她正在協助我們進行這個方案。」

　　如果人們相信將要參與的研究是重要的，他

嗨，Kathy，我從Patty McDuff那裡知道你的大名…

們比較可能願意抽空參加焦點團體訪談。這種重視感可以透過下列
幾種方式來傳遞：其中之一是塑造一個有說服力的形象，讓大眾知
道該研究對某些團體是有利的或是有價值的。

另一個方法是透過行動傳遞研究的重要性。考慮一下找誰來提
出邀請最能鼓勵參加焦點團體。對非營利性機構與公家機構而言，
會傾向於請機構人員或是義工來進行初步的聯繫工作。通常，這些
人對於該研究的瞭解有限，對於機構的認識也不完全、或是對於該
方案的情感也未必深刻。可以改進的是，首先你自己先將招募的策
略改善到最佳狀況，接下來要指導那些即將擔任招募工作的人。提
供一些說明的機會，讓這些招募者瞭解招募工作的全貌，不要只是
提供一張書面的說明，讓招募者照著念。說明時要像是會話式的，
不要像是在打電話中還在念稿子似的。第二，避免一心只找新手或
志願者，要試著找機構中較資深人員擔任「志願者」——尤其是那些
大家熟知的、被信賴的、受尊重的人。如果可能的話，不妨請機構
主管、村鄰里長、社區領袖或是護士長[3]去進行初步的聯繫。你不
會希望可能參與的人選有被勉強要去參加的感覺——由於他們難以
向這個受尊重的邀請人不好意思開口拒絕參與。但是如果這位有影
響力的人物肯花時間去進行聯繫邀請動作，人們會覺得該研究一定
是真的很重要。有人曾經告訴我們：能被某重量級人物邀請前來參
與這個團體討論是一件榮耀的事情。而且，如果預定參與的人選允
諾他們所信賴與尊敬的人願意參與時，出席的可能性會大為增高。
有些人善於讓別人開口答應，並且感受良好；試著請他們來擔任招
募的工作。

如果主題與誘因本身並無吸引人之處，或是如果我們過去招募
這類參與者的經驗並不理想的情況下，我們有時會招募比實際需要
多幾位的成員。下列的情況通常是不需要過度招募(overrecruiting)
成員的：如果參與者視團體會談不會具有威脅或敏感性、對參與者
的誘因良好、或是如果針對機構員工的團體而參與焦點團體者可以
免除原有的工作負擔。

三、以個人名義寄發後續的催收信函

　　當受邀請人選答應參加焦點團體後,要立刻寄出一封個別化的邀請信函。對大多數的團體來說,可以於會談前一週寄送出去。邀請信函的寄信單位頭銜要力求正式,內容包括:對收信人個人的尊敬稱謂、寄信人住址、以及本研究相關人員(例如,主持人、贊助機構的單位主管、贊助機構的總負責人)的親筆署名等。信函中還可提供該焦點團體場次、舉辦地點、討論主題等進一步的細節。信函的範例請參考後文中實用提示。

四、撥一通電話與之聯繫提醒

　　在焦點團體聚會前一天打電話給參與者,提醒他們(reminder phone contact),並確認他們出席的意向。這一種牙醫約會式、催告式的電話聯繫有兩個目的:第一,可以強化此焦點團體的重要性(「這個討論一定是十分重要的,因為你們已經三番兩次的邀請過我了!」)第二,這樣的電話提醒了那些已經忘記此聚會的參與者。這通電話要力求簡單,只要說:「我打電話來只是要提醒你:我們期待在明天下午兩點見到你,到圖書館一齊來討論有關鄰近地區資源回收的事情。」

捌、鼓勵參與的誘因

　　誘因是必要的，因為參與一場焦點團體需要付出許多時間心力。參與者必須預留行程，空下某個時段專門提供給焦點團體之用。對於那些生活節奏比較不固定的、或是受制於其他人的督導者，答應參與可是要下很大的決心。再者，參與者往往因為出席而蒙受金錢上或是情緒上的付出——包括找保母看顧子女、交通費用、或是在總覺得與子女相處的時間不夠多的情況下還必須離開子女、在陽光普照的大好時光中卻需要留在室內開會、或是已經安穩地坐在家中心愛的躺椅上之下卻還得起身離開出門、正在討論親近的或是私人的事情卻要中途離開前往與會。最後，參與者在焦點團體中耗費的一定的時間。以各類資料蒐集來比較，受試者在焦點團體中的這種付出遠超過其他類型的研究。郵寄的問卷、或是電話訪談都是在參與者的家中或是工作場地進行的，不需要額外的出發抵達會場。以郵寄的問卷為例子，受試著可以某種程度選擇要在什麼時候才回應；電話訪談在某種程度上也是如此。再者，郵寄的問卷或是電話訪談很少會超過兩個小時。個別訪談的類型比較接近焦點團體，都需要參與者投入比較多的心力。但是在個別訪談時，會徵詢與配合受訪者可以受訪的時間與地點，通常會在受訪者的家中或工作場所，以她/他方便的時間為優先考慮。

　　相較於其他類型的資料蒐集程序中，焦點團體特別需要要求個別受試者有大量付出。因此難怪在傳統上，都會提供誘因。從實際的觀點來看，在有些情境下，沒有提供任何誘因是幾乎不可能進行焦點團體研究的。

Focus Groups

　　誘因不是一種獎賞、也不算是一種謝禮或是薪資；純粹只是一種誘因而已，用來作爲激發參與出席的元素罷了。誘因的基本功能是要鼓舞參與者在焦點團體討論當天現身——而且要能夠準時在會場中出現。如果誘因讓人在得到它時覺得理所當然，毫無意外的感覺，那它就很難發揮激勵情緒上的效果了。設想你拖著疲憊的身體從忙碌的工作下班，又累又餓，一整天都不對勁，一心只想要有個放鬆的晚上時刻在家度過；但是突然想起，幾週前答應了某人要在今天晚上參加一個小型的團體討論會議。此時誘因的存在正是發揮的時機。你會回想起來如果出席可以得到什麼好處，然後你會取捨這個誘因是否值得你的付出。誘因的另外一個效用在於讓人願意在行程中空出一段特定時間，專門留給某個焦點團體之用。有的人會在同一時段中被邀請參加若干項的活動，誘因的提供可以用來預先空留時段排除其他的邀約。誘因的第三個功能則是在於宣示，讓參與者覺得這一場次的焦點團體是很重要的事情。

　　到目前爲止，最常用來作爲誘因的是提供金錢的補助。提供金錢有若干優點：它的價值可以很快的被參與者估量出來、攜帶方便、適用於空間狹小的場地、而且-----也是最重要的-----就是有效。在團體進行到尾聲總結階段時，我們可以給每個出席者一份附有現金的信封袋；收到後，每個人在一張註明贊助機構的收據上簽名並寫下日期，收據上可能有類似下列的字樣：「本人由於參與一場有關自然區域的討論收到50元美金的資助。」當場支付現金是比較好的作法；答應要在近日內寄送一張支票給出席者可能會有些令

人失望。酬勞的多寡可以也應當有所不同——但是同一場次應一視同仁。在同一場次的團體成員不宜有不同的現金待遇；有時候同一個研究的不同場次的參與也應如此。你絕對不會希望製造一種錯誤印象：某人的意見比較有價值，因此應當得到較多的現金補助。研究者在考慮提供現金的數量時，要小心適合的金額大小。在小額現金的另一極端是：給得太少時會有侮辱出席者的嫌疑。雖然酬勞的多少並無定論，但是提供10–15美金可能會太少，也會損及研究方案的執行。如果將花費的時間與交通費用計算在內，上述金額可能會低於兩小時付出的最低工作薪資，會讓人裹足不前，不會認眞考慮前來與會。比較好的作法是要有創意，想出不同類型的誘因。從付出大量金錢的另一端來看，研究者很容易看出經費預算便會變得十分驚人，而出席者會因爲接收到過高的酬勞而覺得有些尷尬——尤其是當由公家或是非營利機構所舉辦的。

　　一般而言，當酬勞的金額調到某一數額以上時，招募所需要的時間就會縮短。在某些研究中，多支付一些金額作爲誘因可能會是比較有效率的；藉由此不但可縮短招募的時間，也可以提高出席的機率。在本書作者寫作的年代來看，通常提供美金25到50元的酬勞可有效地招募人員來參與公家與非營利性機構的研究。當提高酬勞到50元美金時，會產生一個有趣的現象：如果參與者在行程上撞期，他/她很可能會聯繫主持人，主動提供其他可行的替代日期。針對菁英類型的焦點團體參與者，提供的金額酬勞可能需要向上調高。例如工程師、醫師、律師、高階管理主管等對象大約需要支付美金100至200元不等的金額。

實例
非金錢又有效的誘因

　　以下所提的與焦點團體無關，但是卻是一則很好的實例，如何提供高貴不貴的小禮物。幾年前，一位研究者郵寄出一份冗長的問卷調查給擁有私人森林地者。由於問卷提問太多，研究團隊擔心受試者不願意作答回覆，因此討論到如何提供誘因給作答者。許多誘因的項目被提出後，又遭到否決。最後一個成員想到一個好點子：「在我們森林系上的垃圾袋中有許多的樹木種子，但卻不是單一樹種的種子。若干年前我們正在實驗混種的雲杉樹；我們交配了一種紅、白與藍色的雲杉，結果產生了一種我們稱作『美國國旗色雲杉（A11 American spruce）。』這種樹種並不符合我們的實驗預期，因此無法上市銷售。我們擁有大量的種子，可以將它們放在小小的信封袋子內，並附上一張紙條說明它們的由來。也許這些擁有森林的地主會感到有趣。」我們覺得已經意外的找到一項能讓這些地主們覺得有高度價值的物品。它們是無論花費多少金錢也難以利用其他方式取得的，因此價值不凡。結果，受試者紛紛寄回問卷而且希望獲得更多的種子。這些地主們特別將這些裝有種子的小包裏放置在咖啡桌上，有些甚至為這些種子作了一些架子來擺設。對實驗者而言，這些種子本來已經是隨意放置的垃圾準備銷毀，但是收到的人卻視之為稀有而獨特的禮物。

　　根據Rogers在Ohin州Canton市的市場調查研究（1991），在調查焦點團體參與者的出席理由時，有66%的受試者提到了現金的補償是主要的動力（p.17）。金錢並非惟一有效的誘因，而且在某些情況下可能是不適當的，甚至是不合法的。例如，當員工可以不必上工而來參加焦點團體時，他們已經得到補償了，額外的經費誘因雖然不是非法的，但也算是不恰當的。

　　誘因本身具有象徵性，而其他類型的象徵可能可以作為替代品。例如改用食物可能也會有效，可以小到是一些小點心，或是大到是

一份大餐。提供小禮物也可能很有效，但是最好要事先告知，以免贈與時造成錯愕，因為沒有現金而感到失望。有時候，一些小禮物可能高貴不貴，所費不貲但卻能有高度的價值感。

我們曾經運用過的誘因還可包括正向以及爽朗的邀請、意見交流的機會、餐點、以及有形的小禮物都是。便利、舒服且容易抵達的會場地點也是一個誘因。對某些參與者而言，重要的是要讓他們瞭解：在即將參與的研究方案中，他們的意見具有特別的寶貴。讓他們覺得能被邀請去提供意見是一件光榮的事情。最後，如果邀請參與是建立在和參與者相關的社區、或是社交的或私人人際關係的脈絡中，人們比較可能願意出席參加焦點團體討論。因此，邀請參與時可以提到該研究與當地某個組機、社交關係、或受尊重人物之間的關係。

本章摘要

本章所欲回答之問題包括：該邀請誰來參與？如何找出這些潛在人選？如何讓他們出席？成功的焦點團體訪談需要找到適當出席人數目、以及具代表性的人來參與。「同質性」是焦點團體的指導方針，研究者必須基於研究目的來確認參與者的哪些特質必須是同質的。可以運用另外許多途徑來找出潛在的與會人選；例如，名冊或名錄，透過個人或組織的協助或是事件或活動的現場。

要謹慎地設想成員的篩選機制，這樣才能確保你挑選到了適當的人選來參與。仔細想想看你要如何介紹你的研究，以及它對可能的參與者有何利益？這種介紹說明是否引人動心的、能招徠參與者？值得參與嗎？不必擔心會有威脅感嗎？招募成員時是否採用有系統的策略、且再三地邀請並重視是個人的名義呈現？配合誘因的提供，可讓預定的人選點頭答應接受邀請，並從躺椅中站起來、走到焦點團體會場來。誘因可多樣化，並不侷限於金錢；如果你沒有雄厚的財力，就要試著更有創意一些吧！

實用提示4.1
透過電話篩選的問卷樣本
保健局(Department of Health) 焦點團體邀請用草稿
（這些只是用來作為參考。當你在邀請參與時不要只是像念經或唸書一樣。你的用語要聽起來像是在對話一樣。）

受訪者：＿＿＿＿＿＿＿＿＿＿＿＿＿＿＿＿＿＿＿＿＿
電話號碼：＿＿＿＿＿＿＿＿＿＿＿＿＿＿＿＿＿＿＿＿
電話訪問的時間：＿＿＿＿＿＿＿＿＿＿＿＿＿＿＿＿
適合電話交談的時間：＿＿＿＿＿＿＿＿＿＿＿＿＿＿

　　嗨！我是某某單位的某某某（你的姓名）。我們所服務的Minnesota州的保健局要為有新生兒的家長規劃一個方案。我從（某人或某機構）取得您的大名。他們說您可能對我們的規劃案有興趣。我們想要與剛當媽媽的人說一下話。您是一位新任的媽媽，是嗎？(可以聊一下新生嬰兒的年紀等。)
　　我們要為媽媽們舉行一個小型的團體，請大家給我們寶貴意見，看要如何規劃拜訪新媽媽的方案。我們想要知道新媽媽想要的協助究竟是什麼。我們預計要找大約八位媽媽聚在一起討論。這個討論會預定會在：
日期：
時間（兩小時）：
地點：

　　我們會準備一些點心，每位參加的人可以得到美金40元，用來感謝您的寶貴時間與意見。如果您想要帶您的寶寶來參加，我們也會有專人協助提供照顧您的寶寶。
　　不知道您是否能夠出席呢？

不可以＿＿＿＿　沒關係。感謝您撥時間接聽電話。
可以　＿＿＿＿　太好了，我會再寄一封信來確認會議相關事項。
　　　　　　　　（確認姓名書寫文字正確，並留下地址）
地址：＿＿＿＿＿＿＿＿＿＿＿＿＿＿＿＿＿＿＿＿＿＿＿
您需要托嬰照顧嗎？　不需要＿＿＿＿＿＿＿
需要＿＿＿＿＿＿＿　好的。　請多提供我們一些托嬰需要知道的訊息，包括您要帶來與會的小孩姓名、年齡
＿＿＿＿＿＿＿＿＿＿＿＿＿＿＿＿＿＿＿＿＿＿＿＿＿＿
＿＿＿＿＿＿＿＿＿＿＿＿＿＿＿＿＿＿＿＿＿＿＿＿＿＿
太好了，我近期內會寄出那封信，也期盼在討論會場中見到您。

實用提示4.2
招募成員後的聯繫信函

[日期]
San Olson　先生
101 Maxwell
Bogus，MN 123454　（明尼蘇達州Bogus市）

　　感謝您收受我們邀請，願意去參加會議，討論專為新當上父母親者的家庭訪問方案。保健局的這個方案是專門為像您這類的父母而規劃的。我們希望得到你們的建議，究竟什麼是你們想要獲得的、什麼服務比較有效以及什麼樣的服務幫助不大。如果您曾經接受過了家訪，那也沒有關係。我們在意的是新擔任媽媽們的想法。會議舉行的相關訊息如下

時間：五月十四日，星期二，下午兩點到四點
地點：Burn鎮保健局大樓Idoho街1494號，在Spooner西邊，正好在
　　　Nick咖啡店轉角街道附近。
　　　會議室編號102 —— 從大門進入後右轉

　　參加會議討論的大約有八個人。我們已經規劃好了可以照顧您的寶貝Megan 與 Max。幾位受過學前教育學程培育的教師們同意會在會議進行期間看顧幼兒們。會場中也會準備一些小點心給出席討論的人們，在會談結束時也會致贈40元美金，聊表心意。
　　如果您因為某些原因無法出席，也請儘可能地提早告訴我們，這樣我們可以另外邀請別人參加。如果有任何疑問，請打電話給我：624-2221

　　我們都很期盼您、Megan 與 Max的到來。下週二見喔！

保健諮詢員
Kathy Graf 敬上

1. 譯者：因此可能會影響實際參與焦點團體樣本的代表性，遺漏某些具有重要特質的人選。
2. 譯者註：係指樣本有足夠的代表性，有利於外在效度。
3. 譯者註：在美國，社區醫療體系中的醫護人員與居民的關係密切。
4. 譯者註：美國信函慣例上會在左上角寫上收信者的姓名、住址，住址是先寫出街道，再鄉鎮，然後是州的縮寫，如MN，最後是五碼的郵遞區號。右上角則會註白日期。

第五章 主持技巧

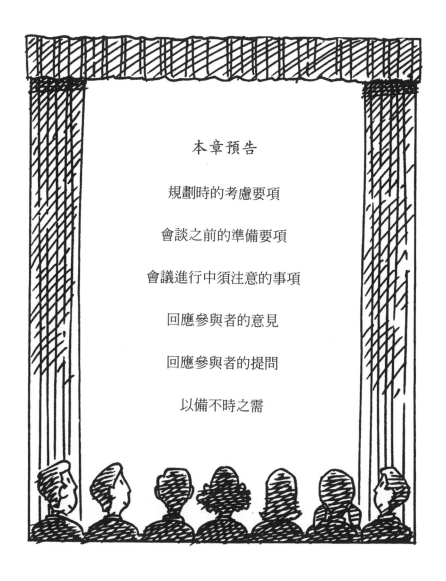

本章預告

規劃時的考慮要項

會談之前的準備要項

會議進行中須注意的事項

回應參與者的意見

回應參與者的提問

以備不時之需

　　雖然焦點團體是否成功，主要在於是否能針對適當的受訪者詢問經過妥善規劃過的恰當題目，但是另外還有一個必要的關鍵就是是否能找到機靈的主持人。表面看起來，訪談好像很簡單似的，實際上不然，這是需要大量的準備工作、心智訓練、以及團體互動的技巧。

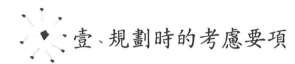

壹、規劃時的考慮要項

一、　慎選合適的主持人

　　應當要找什麼樣的人來主持訪談呢？有時候，那彷彿是一個自然而然的抉擇。究竟應當是研究主持人、主要執行研究的團隊成員、曾經主持過焦點團體的人、或是從研究團隊中找出一位可能會想要增添焦點團體經驗的人？不要自我設限於上述那些人選。要考慮的是完成這項任務所需要的技巧，以及你的成員人選的喜好與特質。以下所列出的是我們發現比較重要的若干因素：

　　主持人對參與者的尊重(regard)，往往是影響焦點團體研究品質的最重要因素。主持人必須相信：不論參與者的教育程度、人生經驗、或是家世背景高低如何，每一位都有足夠的智慧值得我們學習。事實上，這些成員可能在討論的主題上所知有限，或是似乎思路凌亂，但是主持人仍需要敏銳地注意傾聽、盡最大努力去瞭解他們的觀點。通常經過了第四或是第五場團體後，主持人可能已經聽過了這個主題各層面的意見，而且若干關注點與關鍵概念也被討論過了許多次。此時，對主持人而言，有些訊息其實已經是老套了，但是仍然值得加以尊重——就像是第一次被提出時一樣地被尊重——以及值得主動地傾聽。如果主持人顯示出缺乏尊重的傾聽態度，這種態度很快地就會傳遞給參與者一個不良的訊息，也會因此

Focus Groups

切斷了後續有意義的意見表達與溝通。如果主持人似乎顯得缺乏興趣、甚至露出輕視的態度，參與者會覺得有什麼值得他們分享個人的眞實情緒與意見呢？

這麼多年來我們也觀察過了數百名主持人，也發現尊重的感覺是可以運用不同的方式來傳達的。事實上，我們也遇見過下列的現象：有些研究同伴們其實對於參與者抱持著高度的關懷，卻在他們的言行上卻難以顯示出來這種關懷的訊息。讓參與者感受到這種關懷的訊息是最起碼的要求。主持人可以對於參與者週遭的生活、以及環境顯現出感興趣的態度。主持人可以在會談之前、或是之後與參與者有著非正式的互動交流。主持人可以以目光與參與者溝通，顯示出主動傾聽的態度。有些主持人在傾聽時還會微微傾身向前、有些則會記錄重點；他們不會對於表達出來的意見顯得缺乏興趣、或顯示輕蔑的表情，而是要顯露出願意努力地聽取每一位參與者的發言。主持人不應當將主持這個任務僅僅視作爲是一個「工作」，而是能以有機會分享聽到這群人在某議題上的觀點爲榮。

同理心與正向的尊重是主持人必備的重要特質。這種特質與態度必須能夠在時間上與空間上貫串焦點團體全場。Jack Kornfield在其「沈思錄」中的下列箴言正可提供我們主持焦點團體時的指南，希望這些警語有助於那些正在規劃要進行主持工作的人們：

『想像世間到處都有著佛陀存在，每位你遇見的凡人都是有知識與有智慧者，只有你自己除外！設想他們都是在教誨著你。你所

相遇的每個人都是專門爲了造福你而存在的，他們的言行與作爲在在都是在提供教誨與困境來幫助你保持清醒開通。

深思他們帶給你的人生課題，並由衷的感謝他們。每天或每週都試著就你週遭的這些啓蒙導師來作這樣的反省，仔細看看你在生活上的觀點是如何因此而產生了改變？』
(Kornfield, 1993, p.82)

　　對於所討論的主題，主持人應具有足夠且適當的背景知識，以便於區辨討論中各方意見的重要觀點，並能對重要的關注焦點作進一步的探究。有些成功的主持人善於運用參與者所提出意見來引導進一步的討論，但是切記不要運用過度以至於變得枯燥、或是阻礙後續的深入討論。主持人有時也可託辭自己對該主題「缺乏知識或經驗」（naivete）來引出自己預設以外————有時也可能是不正確的————或未曾被提出過的新訊息；甚至藉此也許可鼓舞更多的雄辯、將討論的導引進入更廣大的脈絡情境之下。當然託辭缺乏知識這種策略也可能像是雙面刃，因此可能會不幸地激發有知之士不愉快的感覺，認為主持人不夠資格擔任主席來發問引導。

小秘方
如何顯示你的關心

　　主持人僅止是關心（care）參與者是不夠的。這種關心必須要能夠顯現在焦點團體歷程中的言行上，而且要讓參與者能夠感覺得到。我們曾經進行過一個有關大型醫療設施的研究，旨在瞭解病患在接受健康醫療時在意的是哪些層面。我們一而再，再而三聽到的是：當病患感受到醫生與護士們把他們當作人來關懷與照顧時，他們就會認為他們得到了良好的照顧。接著，我們詢問病患，他們是如何得知醫護人員確實是關心他們的。病患們的描述如下：這些表達出關懷的工作人員在中廊相遇時就會如何地主動打招呼、問候他們前來醫院的目的。他們願意花時間傾聽。特別有意義的是，某些善於表達關懷的工作人員竟然能夠在相遇時叫出病患的姓名，或是說出病患生平的事蹟。這些具體的方式都會傳遞給病患一些訊息，就是該機構的醫療服務人員關心病患。而且他們覺得：一旦提供關懷的人關心他們，把他們當作人們來關照，這些病患們就能得到良好的醫療照顧。因此，主持人要關心參與者的話，做得要比口頭說得更多一些，就是以行動來顯示自身的關心。

　　主持人應當具備良好的讀寫或口語溝通能力。主持人的提問是焦點團體的骨幹與基石，因此如果題目用詞錯綜複雜難以了解、或是模稜兩可、或是邏輯概念模糊，整個團體歷程也就會跟著進入困境。

　　主持的技巧有賴傾聽的能力、以及自我節制個人觀點的抒發。如果經驗不足的主持人無法約束自己，不能減少發表主觀意見，往往會使得焦點團體瀕於危急不當的境界。如果主持人事前已經對於研討主題努力涉獵相關訊息、了然於胸，也要忍住保留個人的看法，重要釐清參與者的感受。有時很難忍受去聽取那些見解低俗的人發表議論，或是一些人批評你心中鍾愛的方案。儘管難忍，仍需要保持超然的風度，在他們高談闊論的撕扯下，將你視為神聖的方案評論得體無完膚後，依然微笑以對，不忘說聲謝謝。有些主持人所犯的錯誤就是為自身或該方案辯解，企圖說服解釋對方，無法只是純粹靜靜地傾聽對方的觀點。在這方面，專業的焦點團體主持人有其優點，面對探討的主題時，他們能在情緒上保持超然的態度。如此比較容易保持開放心胸，專注於傾聽。

　　主持人一定要能夠讓參與者感到自在；要讓他們覺得主持人是適合提問問題的人，而且是可以讓自己公開地討論心中的意見的人。至於主持人應當具有何種外觀特質上，是很少有定論的，因為大多視情境而定，或是仰賴參與者的先前經驗。這裡所說的令人感到自在，其內涵遠超過主持人的外貌或是服飾。應當考慮的因素還包括性別、種族、年齡、使用的語言、社經地位特質、專業知識、以及感覺上權力地位的差距等。上述每一項都可能會阻礙溝通，阻礙的程度則是視情境而定。以一個簡單的例子來說，在討論有關男性攝護腺的主題時，男性成員面對的如果是男性主持人會比面對女性主持人容易得多。

　　一位主持人必然地會具有某些個人的特質，例如屬於某個種族、某個年齡層、男性或女性等等；而上述的任何一種特質都有可能阻礙、或有利於團體內的開放程度。對許多非營利性機構或是公家單位而言，一項重要的資產就是能夠網羅到非研究人員身份、卻具有能夠促進會談成功的志願主持人。

　　最後，友善的態度與幽默感也是有利的資產。僅只是主持人一

個微笑就能讓人覺得參與討論的感受還不錯。微笑通常顯示著溫馨、關心以及同理心，這些都是提昇討論的有效助力。幽默更是有效凝聚團體的動力，尤其是即興式、且在不傷及他人自尊心的情況之下顯示出來的幽默。過度營造幽默感可能反而會變得無趣、或是會遭致誤解、產生反效果。然而，如果有成員提到有趣的事，不要吝惜你的笑聲。

警示
提問要明確

有時候主持人會為了協助參與者回應，而採取不同的方式來提問同一個問題。主持人通常會假定這種策略有用，但是實際上也可能適得其反。如果參與者感覺被問到的是不同的問題，他們反而會覺得困惑，不清楚題目的本意是什麼。再者，此舉會增加後續分析的困難度，因為你無法確定他們究竟是針對前後哪一個題目來作回應的。

實例
找到適合的主持人

一位研究愛滋病(AIDS)的學者規劃著要進行焦點團體訪談，並以用過針頭注射毒品的妓女們為對象。主題圍繞在使用保險套與消毒針頭以防範AIDS。對於即將進行焦點團體的研究者而言，最大的困難在於他對於受訪人選的次級文化或生活情境所知極為有限。再者，研究者還得耗費許多時間才能與這些妓女們發展出相互信賴的關係。此時最好的策略可能是要去招募與求助一位注射過毒品的妓女，讓她來主持這一場的焦點團體。

二、主持團隊

　　可以考慮組成一個主持團隊來進行焦點討論：一位主持人與一位助理主持人，兩人各有分工。主持人主要關注於導引討論、確保會談的流暢、以及必要時作筆記摘錄。主持人所做的摘錄並不需要完整記錄討論細節，只要找出若干關鍵想法、記下可供後續討論時的串場評語、或是快速記下可以在會談尾聲的問題題項。相對的，助理主持人要作的是作比較完整的筆記、操作錄音設備、處理場地週遭環境與後勤支援（點心、燈光、座位等）以及回應預期以外的干擾。在討論接近尾聲時，主持人可以轉向助理主持人，看他／她是否想要額外提問任何問題，或是進行後續的引導。也可請助理主持人對於討論過的關鍵要點作一個簡短（兩分鐘）的摘要。而且，在分析這一場次資料的後續會議中，助理主持人是一位關鍵人物。

　　在私人機構的市場調查專案中，通常不會有助理主持人，除非那是一位實習生。很少人採用助理主持人，泰半是因為需要額外的人力與交通費用。在公家或是非營利性機構，我們發覺是值得投資採用助理主持人的，尤其是當你的會談場所沒有單面透視鏡子的時候。你彷彿增添了第二雙眼睛與耳朵，有助於蒐集更完整的資訊、以及分析時更有效度。再者，助理可以協助處理焦點團體中偶發的干擾事件，例如像是遲到者、不當的干擾聲響或是錄音帶的翻面等雜務。

　　公家或是非營利性機構運用助理主持人時還有一個潛在的優勢。在許多組織內部，有些人會基於好奇或是關心，願意花時間僅只是進入焦點團體坐下觀望。有些時候，這類人們具有與受邀請的參與者相似的背景特質，因此，讓他們擔任助理在研究的分析上也可以提供不少的協助。要謹慎的是，要確認助理主持人能理解自身的角色與責任，以免不當地喧賓奪主，搶盡焦點團體的鋒頭。解決之道就是：要明確地告知說明該場次會談的目的與規則。助理主持人的責任可以參見實用提示5.2中的實例。

貳、會談之前的準備要項

一、 心理上的預備

　　主持人必須十分警覺、避免分心、焦慮、或壓力，以免降低思考敏捷度。主持一個團體討論需要集中注意力以及專心地傾聽。因此，事前調整作息（例如有充分睡眠、不要和家中的青少年子女爭吵、一天不要安排超過兩場次的團體討論），減低壓力，以免在會場時專注力銳減。作為一位主持人，必須要在討論會議中全程都能全神貫注。

　　主持人應當要十分地熟悉研究的全貌以及提問路線，試著大聲地練習說明研究大要與按照題目順序提問問題，可以選在洗澡或是開車的時候作這種練習。試著熟悉這些題目。瞭解提問每一個題目的理由；瞭解你希望在每一道題目上花費討論的時間；瞭解關鍵性的題目是哪幾個。而盡量將問題牢記於心，你會希望你的言詞聽起來像是在對話，而不是照著稿子在背誦一樣；而盡量將問題牢記於心也不希望像是一字一句地在念稿子一樣。一般人能忍受主持人瀏覽一下提問路線， 提示自己一下下一個討論的題目，但是兩眼緊盯著稿子，完全不理參與者則會破壞了討論的流暢度。

　　心理準備的另一層觀點，是從邊聽邊思考的訓練來看的。主持人不是僅止於當作一無所知的空瓶子，只是傾聽與接收參與者的意見而已。這樣做，終將獲得的是一些瑣碎、微不足道的大量資訊。靈巧的主持人在傾聽之後，隨即能知道什麼時機要徵詢參與者更多的細節，或是就相關問題繼續追問。他/她也會機警地、不至於太快相信所聽到的一切意見，而是會先對照事先所預期的方向，或是先前場次焦點團體有人分享過相關經驗。其中一項重要的主持技巧就是：要知道何時與如何要追根究底或尋求，尋求進一步的資訊。有時候參與者會訴諸理智，先將答案中非理性部分排除開來，談到

的不是實際發出過的事實，而是可能的、或是理想上所應採取的作法、或依據理論來回應。另外的時候，參與者所說的都是陳腔濫調。也有一些時候，參與者的回應離了題。當你事後重聽錄音帶時，相當容易發覺出這類的枝枝節節的離題閒話、與思路上的迂迴飄蕩，但是在討論當場卻不是那麼容易被偵察出來的。不斷練習，才能逐漸地駕輕就熟。

　　無疑地，主持的歷程很辛苦，很勞累。由於需要在心理上與情緒上高度配合與訓練，同一天內盡量不要進行超過兩場次的焦點團體，以免過於勞累與錯亂。一旦進行到了第三場次時，就很難記得哪些意見是這個場次提出的、還是前兩場次提出的。而且，在連續兩場次中間安排夠長的休息時間，以便於修復體力與心力重新出發。

小秘方
注意：參與者是否針對提問來回答

　　新手主持人有時會過早高興於每位成員都參與討論，但卻忽略了有時回應的方向並非針對題目的焦點。參與者回應的可能是前一個你已經結束討論的題目；或是他們的發言離了本題；或是迴避了討論的題目。這些意見可能很吸引人，但卻可能是牛頭不對馬嘴。主持人必須冷靜機警，加以分辨，並將團體討論拉回設定的主題。

二、　會前的準備策略

　　在第一位參與者到達前，所有事項就須完全備妥。如果成員到達時，你還在設定錄音機、或是書寫海報提示，就難以讓人感受到歡迎客人到來的氣氛，甚至會引發不快的感覺。參與者一到之後，主持團的工作人員就以主人的身份接他們，以主人歡迎訪客到家作客的熱忱接待他們。先在入門口迎接、表示歡迎之意、並自我介紹，也介紹參與者給每一位與會者互相認識。我們要儘量營造令人感

到舒服、溫暖的氣氛。可以提供一些小點心、進行短暫的交談使人放鬆心情。有時候我們也必須身兼數職、一方面要擔任接待員，另一方面也要協助作一些登記出席等文書工作。有時候參與者會要填寫一些簡短的表格，其中包含出席者相關資料例如居住地區等人口學上的特徵[1]，尤其是那些我們不想在會場上討論的訊息。有時候，我們會要參與者填寫一份願意擔任受試者的同意書[2]。要強調的是，即使是在他們填寫表格的時候，也要營造一種友善、溫馨與自在的氣氛。

　　會前簡短的交談有助於讓參與者放鬆心情，但避免提到待會在正式會議才會涉及的的關鍵議題。如果參與者在非正式交談時就說明了他們的感受後，正式討論時反而可能會不太願意再重複解說一次。在刻意地進行簡短交談活動時也要避免之後才會提到的焦點主題，可以改採普遍性、具共同經驗的話題為主，例如天氣、小孩、或是運動。也要避免有爭議性議題（宗教、政治、或是當地比較敏感的議題）或是強化團員內部差異的議題（收入、教育程度、政治影響力等）。

　　由於參與者抵達會場的時間不一，簡短的交談可以延續著，一直等到夠多的成員出席，可以開始進行討論為止。大多數情況下，這種簡短的交談只會持續五到十分鐘。主持團隊中的主持人與助理應當事先規劃好如何分工進行歡迎儀式。如果不需要進行文書工作時，主持人或其助理通常都會在會場入口處迎接出席者，並引領他們到會場進行會前非正式的社交活動；主持團隊也可安排其中的另一位成員則在討論場地中與到來的成員寒暄。

　　利用會議前這段時間，主持人及助理可觀察參與者之間的互動，並可注意是否有人具有下列特質：有主導團體傾向者、自認為專家、或表現較害羞且安靜者。喜歡發表言論者可能會在會議中掌控討論方向，可以的話，盡量將他們安排坐在主持人兩側附近。這樣可以在必要的時候，轉身背對主導型的參與者，顯示一種非語言的訊息圓滑應對並轉而邀請其他成員發言。至於面對比較害羞與安靜者，可安排直接坐在主持人正對面，以便於多給其目光直視交會的機會。主持人可望預期有百分之四十的人願意開放心胸、分享意見，另外百分之四十的人比較內斂，只有在出現合適的時機下才會

願意發言。另外百分之二十的人則會擔憂曝露自身的經驗,很少抒發意見(Kelleher, 1982)。

技巧性地安排參與者座位,要採取下列的方式才能達到。主持團隊需要有一份名單,上面有預期參加討論的人選,也需要預先準備名牌座放在成員座位前。名牌座的製作程序並不困難,可以用5X7吋大小的卡片,印好姓名折疊放在名牌座中間。姓氏倒是可以不必印出來[3]。明牌座比較合適的地方在於比胸前別的名片匣體積更大、更明顯、更容易辨識。主持人可以在會議桌上看似隨機的方式來放置名牌座。事實上,主持人可以藉由在會談前非正式的觀察,快速地與助理交換意見,然後再來精心安排名牌座的座次。

三、餐點的安排

食物可促使訪談進行更加地順暢。共同進食往往能夠促進團體內的對話與溝通。大多數的焦點團體會預備各種點心,例如用淺盤上放置餅乾、西式麵糰或是水果、蔬菜,但是,除了點心外有時供應正餐也是有效的。小點心與無酒精性的飲料通常會放在會場側邊的桌子上,提供會前簡短交談與討論進行之時的享用。正餐則需要額外的規劃。如果會談選在餐廳舉行,需要事前的安排,以確保能夠提供服務的時間可以是夠快速的。正餐可以是當場供應的或是外送的(例如披薩、飯盒)。要考慮正餐送來的時間。傳統的禮節是在焦點團體進行之前提供正餐,以便於參與者可以相互認識。但是此舉於下列考量之下也可能不利:當主持人試圖要避免成員間先行進行核心主題的討論。變通的作法是在焦點團體結束之後進行正餐,在用餐期間主持人仍可以繼續地傾聽有關研究相關的意見。

Focus Groups

小秘方
提供吃起來聲音不吵雜的食物

　　有經驗的主持人發現某些用餐形式造成吵雜，不利於錄音時收音的清晰度。避免使用玻璃杯、瓷器、罐頭、以及銀器等。可採用紙製的杯子與盤子、以及塑膠製的刀叉與湯匙。

◆ 參、會議進行中須注意的事項

一、 團體討論時的紀錄

　　焦點團體通常採用兩種紀錄方式：錄音和作筆記。作筆記是必要的，通常主持人作的筆記只著重部份重點，作詳細筆記主要是助理主持人的任務，而且是需要擷取參與者完整的陳述，尤其是那些有可能在將來分析時要被引用到的部分。作筆記時切忌不要干擾了團體訪談時參與者的即興反應，只有主持人才能擷取參與者的簡短意見。如果團體必須暫停來等候主持人做好筆記，討論就很難能夠流暢地進行。而且，參與者也會感到奇怪，為何有些人的意見會被主持人紀錄下來，有些人的意見卻見不到主持人在作記錄。

　　筆記要盡可能做得完整，以防錄音機失靈的情況發生。不可以完全地信賴錄音機。所謂的墨菲（Murphy）定律指出：最為睿智的意見往往出現在錄音機中的錄音帶換面、或是外界聲響干擾掩蓋住錄音帶的時候。有時候，主持人與助理主持人同時都太投入於傾聽討論，兩人都同時忘了要監控錄音機的運轉是否正常。

　　在會談之前要先設定好錄音與麥克風等設施，而且位置明顯，

讓參與者一目了然。隱藏式的麥克風與錄音設備並非明智的作法，因為反而會營造出一種不必要的、神秘的氣氛。在討論一開始的時候先提示一下有錄音機的存在，說明旨在用來協助擷取每位參與者的意見。

　　避免過多的注意力投射在錄音設備上。有時候，新手主持人會在這方面的介紹說明顯得過於緊張——刻意避免與參與者目光的接觸、解說錄音設備時結結巴巴、說明過於冗長。這樣反而會弄巧成拙，將過多的注意焦點放在錄音設備上，因而塑造出一種不利於訊息自由流通的氣氛。通常來說，最好只要簡短地提到有錄音設備，並保證會對資料保密，然後跳到下一個主題。但是，在實際執行上，參與者需要更多的訊息，例如誰會聽到這份錄音帶、將如何運用這份錄音結果。有時候，錄音設施也會被視作為研究者願意用心傾聽的一種表徵。

實例
錄音設施是用心傾聽的一種表徵

　　一個大型學校曾經針對與教師有關的敏感話題——教師功績制 (merit pay[4]) 進行焦點團體。在規劃階段，有些研究團隊的成員擔心錄音設備會阻礙了討論的過程。最後同意要試試看，而且在必要的時候也可以關閉機器，停止錄音。在第一場次焦點團體，教師們紛紛入場，有一位教師開口說：「學校行政人員總算願意認真地考慮教師們的意見了。」主持人進一步詢問這位教師，所得到的回答是：「你看，這裡有錄音設備，我們的意見會被錄下來喔！學校行政人員總是說他們會聽取我們的意見，但是我不以為然，因為當我們表達意見時，他們根本不曾錄音、筆錄、或是採取任何方式。這一次，看起來他們好像是玩真的。」在討論中，當教師提出所關切的主題時，他們的身體會前傾，更加地靠近桌前的麥克風，而且放慢說話速度，以便別人能夠更清晰地理解他們的意見。

　　錄音時要能夠有很好的收音效果也是一個難題，因為錄音機往往會連鉛筆寫字的沙沙聲音、聲音也會錄進去；參與者的輕聲細語的意見卻反而錄不進去。內建在錄音機上的麥克風無法妥善地錄下團體的討論，其錄音結果很難在事後播聽時聽得清楚。因此，我們也可以採用全方位靈敏式（omni-directional pressure sensitive）麥克風安置在桌子的中央，它們有很好的收音。有時候，主持人會準備兩支麥克風，各放在桌子的兩端，每一支接在一個錄音機上面。在成員抵達會場之前，主持人應當先測試錄音設備，確認屋內每個座位上的發言——即使發言時音量不是特別的大——都能被錄音機清晰地接受到。

　　攫取焦點團體討論的資訊還有其他方式。雖然現今的錄影機比以前更輕巧，但它們依然具有程度上的侵入性（obstructive）。我們很少會採用它們。另一個方式是採用特殊軟體，以數位化的方式將討論錄音進手提電腦中，然後再就選出的特定片段加以標示出來，以便於後續的回顧與分析(Belisle,1998，p.18)。還有一個策略是雇用一名打字快速的人員即時將現場討論轉錄出來。能辨識聲音的軟體已經在穩定的改良中，目前已經能夠經由「訓練」而轉錄說話的聲音。寄望不久的將來，類似軟體能夠辨識多種聲音，並能立即提供逐字稿。

二、焦點團體訪談開始時：

　　焦點團體討論中最初出現的幾個意見特別重要。在這一段短暫的時間裡，主持人必須提供足夠的訊息，讓參與者對於討論主題感到自在、並且營造一個容許各種意見的氣氛、並說明訪談規則，設定討論的基調(set the tone)。大多數成功的訪談可以歸功於在這段三至五分鐘時間上的解釋。氣氛過於正式或嚴肅會抑制了參與者之間的互動。相反地，太過於輕鬆或是過多的幽默也是不恰當的，因為參與者可能會因此不會認真地討論。有經驗的主持人都深知團體具有不可預測性，可能會有很多無法預測的狀況發生，例如當某一場次的成員可能會興致高昂、自由發揮、進行流暢，另一場次

中，成員卻可能無精打采的、或是小心翼翼地參與討論。各場次的團體各有不同是可以預期的；然而，主持人在各場次介紹團體討論的方式或是開場白卻應當力求一致。

以下所推薦的是在團體討論時，主持人用來作為開場白介紹詞的制式程序：

1. 歡迎詞
2. 概述討論主題
3. 說明發言討論規則（ground rule）（或是有助於討論進行流暢的規則）
4. 提出第一個問題

以下是一個典型的開場白實例：

大家好。首先我要歡迎各位。謝謝撥冗前來參加，討論有關搭機旅遊的事情。我的名字叫做Pete Kruger，是代表「快樂旅遊人研究機構(Happy Traveler Research Agency)」來主持這一場次的討論。我的助理是Sheree Benson，也是快樂旅遊人研究機構的成員。我們是接受航空業者的委託，想要協助他們瞭解公務員們對於搭乘飛機旅遊的意見。他們想要多得到一些訊息，以便於作為改善未來服務品質的參考。你們可能會好奇為何會邀請各位來參加這次討論。主要是因為各位都是在本地市區工作的公家機構人員，而且近幾年來至少搭機飛行四次以上，所以我們才會特別挑選各位。我們希望能獲取你們在旅遊飛行上的寶貴經驗與意見。

你們所表達的所有意見都沒有對錯之分。我們期許你們提供不同的觀點。請各位自在地分享您的寶貴意見，即使你的意見與前一位發言者的所提出的意見是完全不同的也是寶貴的。

在這次討論中我們會有錄音，這樣我們就不會遺漏了各位的意見。但是在書面報告中，我們不會提到任何人的名字。所有的意見都會被保密的。請留意，我們也想要知道有關負面的意見；對我們而言，負面意見是跟正面的意見一樣的都是可貴的；有時候負面的意見對我們的幫助反而更大。

今晚我們在每位來賓桌前都放置了一個名牌座。這些名牌可以幫助我們記住各位的大名，也可以幫助各位。如果你想要延續某人說過的某個意見，或是你想要表達同意或不同意某個看法，或是你想要舉一個例子，請您儘管自在地去作。不要覺得你好像只是在回應我的提問或是意見。請您自在地對這些討論的意題相互對談。我在這裡的目的主要是提出問題請教大家、傾聽各位的意見以及確定每位成員都有分享意見的機會。我們在意的是能否能夠聽到每一位成員的意見。因此如果你說得太多的時候，我可能會提醒你、拜託你給留一點機會給別人。如果你的說話機會比較少，我可能會邀請你發言。我們只是想要確定能聽到每一位成員說說話。

如果你需要起身再拿一些小點心飲料，請便去做，不要客氣。現在就讓我們開始這一場次的討論。先讓我們彼此多一些認識，請順著我的右手邊依序自我介紹。告訴我們你的名字、以及這幾年來你曾經搭機飛行前往的幾個地方。

第一個題目的設計旨在讓所有的參與者在討論一開始時就都能開口說說話。也就是所謂的破冰，用來打破僵局。在成員一旦發言過，之後再次開口發言的可能性就會大大地提高。而且，第一個題目盡可能強調參與者的共同特徵，以及他們都擁有的、容易分享意見的基礎。第一道題目應該是能在大約30秒內就能回答出來的題目，也因此，大多包含事實性質的訊息。再者，第一道題目不可要求過多的反省思考、也不宜是需要追溯早期的記憶，回憶很久才能回答的問題者。

三、事先設想訪談流程

訪談的進行有些是無法事先預測的。有時候討論的進行會完全依照原先的規劃，有時候則會跳躍式的、而岔開了預定的程序。試著要先預先設想到討論可能進展的各種方向，並且找出有利於討論方向的主題，以及避免走入死胡同者。例如，在涉及社區組織的焦點團體，我們經常發現討論容易導向評鑑某機構的專業人員—那是

研究目的之外的主題。在這種情況下，比較好的作法是在開場白時說明與限定研究的範圍。「我們想要知道的是各位對於這些方案、硬體設施、與活動等的意見，而不涉及提供服務的人們。」通常，與熟識參與者相關訊息的同事們進行模擬對談(mock discussion)」是有幫助的，可事先找出參與者各種不同類型的反應。

　　有時候，有些參與者在討論時會跳出預定主題，提早論及稍後才會進行的主題。當你還在進行第四項題目的討論時，他們就開始討論起擬訂在第七項題目上的話題了。這時，你要做一個判斷，決定應順其自然，讓討論直接進入第七項主題（這樣做可能也會有很好的結果，只是要記得稍後要回到第五項與第六項題目來討論），還是要立刻拉回第四項主題的討論。除非有上述的跳躍式的討論之外，熟知你正在討論的題目在整個提問路線中的位置，這樣你才能確認調整討論題目順序是否會有不良的影響。

四、兩項基本技巧——暫停、探詢追問

　　團體討論時，主持人必須熟悉兩項基本技巧：五秒鐘的暫停（pause）與探詢追問（probe）。要引導參與者多說出一些意見時，這是簡易且有用的兩項技巧。五秒鐘的短暫暫停通常是用於當參與者發表意見之後；能引發與先前話題有關的更多論點，或是他人對於該意見論點的贊同肯定。新手的主持人往往出於擔心冷場等安靜尷尬的氣氛，因而自己說了太多話、並急著進入下一話題。但短暫的停留能引出更多觀點，尤其是搭配著主持人投以目光的接觸（eye contact）時效果更好。可以試著以家人、朋友與同事來做五秒鐘暫停的練習，藉此來熟練此一技巧。

　　第二個引導參與者說出更多看法的重要的技巧則是探詢追問。大多場合時，人們傾向於提出模稜兩可、容許多種意涵的意見，或是僅是稱說「我贊成。」在這種情況下，探詢追問可以有效地引出更多的訊息。基本上，探詢追問可採以下幾種方式來表達：

FOCUS Groups

* 你要不要再多解釋一下呢？

* 可不可以舉例說明你剛剛說的意思？

* 你要不要再多說（明）一點？

* 還有更多想說的嗎？

* 再讓我們多了解一些好嗎？

* 請繼續說下去。

* 還有其他的嗎？

* 請重述一下你剛剛說的。

* 我不太了解ㄟ。

　　在討論初期可以幾度採取探詢追問的技巧，以便於顯示討論意見與回應時，力求明確的重要性。例如，如果一位成員說「我贊成」來表示贊同。此時，主持人應接著說，「可不可以讓我們了解更多一些。」或是「是不是有什麼經驗，你才會有這樣的感覺？」幾次類似這樣的探詢下來，就會強調出來，你想聽到的是比較詳細的回應與意見。但繼續探究追問要適可而止，使用過於頻繁可能會浪費時間，讓人厭煩，且顯得多餘。

　　主持人也要提醒參與者，不同的觀點是很有價值的。在開場白時就要對成員提到的第一個建議是：不同的觀點是研究團隊所需要，也希望透過這次團體獲得的。第二件要提醒的事情是：如果主持人察覺到某些成員們只是一味地重複地贊同某特定觀點。在幾位成員表達過同樣的意見後，主持人可以追問：「有沒有人持不同的看法呢？」或是「有沒有人有不同的經驗呢？」或是「還有沒有其他的觀點呢？」

五、四類參與者：專家型、支配型、害羞型、漫談型

　　焦點團體討論的樂趣之一在於：能夠邀請到不同背景與特質的人來參與討論。然而，有些個人的特質對於主持人是具有高度挑戰性的，其中包括專家型、支配型（dominant talkers）、害羞型、漫談型（ramblers）這四類型態。

自詡為所謂的「專家」者常會造成的困擾在團體討論時。他們所表達的意見與表達的方式可能會妨礙他人。一般人往往會順從那些他們認定為對於討論主題比較有經驗或是資訊比較豐富的人。有些人自詡為是該討論主題的專家，主要是因為他們在該社區具有比較有影響力，或是之前已經參加過類似的訪談。因應專家型參與者的最佳方法，通常是強調每個人都是專家，每位參與者都有重要的看法，應該要表達出來。另外，在開場白時提出的第一個題目應當避免那些會強調教育程度、生活富足程度、對該主題資訊上或是社會（政治）影響力等層面。

支配型的參與者有時候也會自詡為專家，但是大多時候他們沒有察覺到別人對他們的觀感。支配型的成員通常可以在會前閒談的場合中顯現出來。如同本章前面的段落所提到的，在安排座位時，試著將支配性比較高的成員儘量坐在主持人身旁，以便能以肢體語言加以掌握控制。當此一策略不管用時，必須改以口語等比較直接的策略，轉移他的注意力。例如說：「張先生，謝謝您的意見。還有沒有人願意在這個題目上表達意見呢？」或是說：「有沒有人對這件事有不同的看法呢？」至於其他的非口語技巧也可以試試看，包括要避免和他（她）的目光接觸。最重要的是，要有技巧以及顯示厚道，因為太嚴苛的介入方式會阻斷了團體中其他成員的回應意願。

第三，羞於表達害羞型或是習於深思者往往幾乎不發言。這些參與者通常是會先思考很久、很深廣，再發表的。相對的，其他的成員往往是邊想邊說的。害羞與深思型的參與者通常具有很好的意見，但是需要花額外的努力才能讓他們詳細說明他們的觀點。如果可以的話，盡量將他安排在主持人正對面的座位上，讓目光接觸的機會增加到最大。在目光接觸鼓勵下，他（她）比較會有勇氣說出口。如果這個策略仍無法奏效，主持人可以直接點名，指定發言：「李先生，我不想要遺漏掉您的寶貴意見。你的看法如何呢？」

至於漫談型者往往會言不及義，對於他們的意見會以冗長的字句，花費大量的時間才能講到重點——如果他們還有重點的話。這些人喜歡說話。可惜的是，他們大部分時間的談話偏離了主題，同時也耗費了寶貴的討論時間。我們的經驗法則是：約在二三秒鐘的

離題討論後停止對他（她）的目光接觸。助理主持人也要採取相同的因應方式。翻閱你手上的文件、看看其他參與者、轉身凝視別的地方，就是不要注視這位發言者。一旦這位漫談者說完或是稍有停頓的時候，應當立即跳到下一個題目，或是復誦一下原來討論的題目。在後續的討論中，主持團隊也許要避免不要對這位漫談者投以目光的接觸。

有些主持人會在開始訪談開場白時就應表明立場，提醒參與者聽取大家意見的重要性：「從過去類似這次團體討論的經驗中，我們知道有些人會說得比較多，有些人會說得比較少。重要的是，我們能夠聽到每一位的意見；因為各位都有著不同的經驗與背景，你們的意見對我們來說都是珍貴、與眾不同的。所以，當你發表的時間過多時，我可能會打斷，請多包涵，不要覺得反感。這樣做的目的只是要確保每個題目都有被討論到的機會，而且讓每個人都有發表的機會。

別設定每個人在焦點團體中會說的一樣多。有些人就是會有比較多的意見要表達。如果某個參與者的意見發表都沒有離題，且是對研究很有助益的，就讓他（她）繼續說下去。反之，對於閒扯漫談或是妨礙他人發表機會的行為，主持人也要採取行動加以規範。

肆、回應參與者的意見

主持人應當注意回應參與者意見的方式——無論是口語或是非口語的。主持人的回應通常是無意識的反應。透過自我訓練與練習，來改去一些例如點頭或是簡短的回應等習慣是必要的。

Focus Groups

一、 點頭：

有些主持人會在參與者發言時頻頻點頭。緩慢而持續的點頭可以表達鼓勵繼續發言的意思，表示：『我正在聽，請繼續說下去』；但是稍微快速的點頭則表示深表贊成的意思，因此也可以引發其他參與者更多的相關意見。經驗法則是：生手主持人應當試著減少點頭的次數。

二、 簡短的口頭回應

在許多社交互動中，我們變得被制約地做出簡短的口語回應，用來顯示同意或是接納。在焦點團體情境中，下列這類的回應大多也是可以接受的，例如「OK」、「是的」、「嗯」。但是有些顯示正確或是深表贊同的回應字眼則需力求避免，例如「完全正確」「很好的意見」、「太優秀了」，因為這些回應顯示出對於意見品質有高下的判斷。

三、歸納結論：

焦點團體結束訪談的方式有很多種。最普遍的可能就是就要開始致感謝辭、致贈小禮物、酬勞津貼——如果經費許可的話——以及祝福他回家的路上平安順利。更好的方式是主持人或助理主持人能針對主題作一小小的總結，並且詢問大家那樣的總結是否正確。此舉有助於後續的分析。這也是研究團隊第一次有機會將團體討論的結果作一次統整。在呈現簡短的總結時，主持人應當注意到參與者所表現出來的肢體語言或表情，例如顯示同意、疑惑、不解、反對等訊息。當做完二至三分鐘的簡短摘要結束後，可徵詢大家的意見，邀請補充、更正或是其他意見。

另外一個結尾的技巧是詢問第三章所述的「最後一個問題」。主持人概述一下整個研究，然後詢問參與者：「我們有沒有遺漏了什麼重要的訊息？」當參與者由於介意錄音機的存在而不願意發言時，採用下列策略也很管用：作法就是關掉錄音設備，暗示正式的討論已經結束了，感謝大家的參與，然後再追問一句：「請你們再想一想，我們在這次討論中有沒有遺漏什麼意見了嗎？」這種結束的方式可能可以發掘出預期以外的意見。

伍、回應參與者的提問

　　在焦點團體中，有時候參與者也會提出若干問題詢問主持人。這是可以預期的，也是自然而然的，有時也可能對整個訪談有所幫助。這些提問可能發生於焦點團體正式開始之前、或主持人在開場白一結束之後、焦點團體之中、或是在討論作總結的時候。針對不同時段所提出的不同問題，回答技巧也大相逕庭。

一、焦點團體正式開始之前的提問

　　有些參與者可能於邀請過程或是討論開始之前即提出問題。這類的提問通常是個別性質的提出，回答時儘量提供充分的資訊，讓他們放鬆心情。這時候的問題通常是有關於焦點團體的目的、誰會運用研究結果、或是有關訪談時間、地點等。回答的基本原則就是要給予回應、但避免可能產生方向性的引導。

二、開場白介紹後提出的問題：

　　此時不要主動邀請或鼓勵參與者提問。主持人的開場白通常只花了若干分鐘，要很快直接帶入次一個主題。此時如果邀請發言，會產生的困境在於：此時可能會引發出許多你想要留待討論尾聲時才想要回應的問題出來。因此會讓主持人顯得有些防衛、含糊其詞、推託、或是表示歉疚。所以，經驗法則是：此時不要讓參與者有提問的時間；但是一旦有人提出，則考慮一下，是否有必要馬上回答，或是可拖延到稍後才加以回答。

三、訪談進行期間提出的問題

　　此時提出的問題會和各種類型的主題或是關切點有關。主持人要斟酌個別情形，有些應該立即回答、有些可以拋向提問者或是團體成員、有些則稍後再回應。

四、做結論時所提出的問題

　　這時歡迎並且鼓勵提出任何問題。之前延緩回應的提問切記要在此時會議進入尾聲也能一併解答。此時你可以多描述一些與本研究有關的訊息，包括你與該研究的哪些高層人士討論過、其他場次焦點團體的人提過哪些訊息、如何可以得到該研究的研究報告影本等。在焦點團體討論尾聲提出的問題透露出的訊息可以獲得一些額外的資訊及靈感，以便於融入下一場次焦點團體開場白中。

小秘方
如何回應參與者的提問

　　當有參與者在焦點團體提問時，可從兩個角度來思考：這真的是一個問題嗎？我必須回應嗎？

　　有些人是利用提問來表達意見。這些表面上聽起來像是個提問，事實上則不然。他們要的不是答案。如果你察覺到提問者真的想要的是表達一個看法，你可以這樣回應他們：「那是一個很好的問題，你會如何回答它呢？」或更簡單地反問：「你為什麼要問這樣的一個問題呢？」

　　如果所提問的真的是一個有待回答的問題，可以有幾種回應的策略。其中之一是邀請其他成員一齊來回應：「有什麼人願意來回應這個問題嗎？」如果提出的問題是有關於意見、而不是關於事實的話，上述的邀請策略通常是比較受歡迎的。重要的是主持人不要顯得推諉或是含糊其詞的樣子。如果所提出的問題是特別朝向主持人而來的，那就會比較難以應付。

　　另一個策略是延緩回答。如果提問涉及的某個主題要在稍後才會詳細的討論的話，你可以採用這個策略：「你提到的這個主題，我們會在幾分鐘內就要討論了。」至於如果提問的主題不在原訂討論之列，你的回應可能如下：「在討論結束末期，我們會討論到類似的題目。到時候請你提醒我要討論這個問題。不過現在我們正在討論的主題是．．．．」

小秘方
我能讀得到這篇文章的總結報告嗎？

　　在焦點團體中最常被提出的問題——尤其是公家或非營利性機構——可能是：「我們能夠得到一份研究結果的書面報告嗎？」預期會有這樣的要求，並先準備好如何給予直接了當的答案。在私人的市場調查研究中，基於研究結果的獨佔性或專利考量，很少—如果有的話—會提供此類的報告。然而，在公家與非營利性機構中，明智的作法是公開呈現最終定稿的研究報告。回應時要承諾可分享研究結果，這樣可以顯示你真的傾聽參與者的心聲與意見，同時也顯露出你的開放胸襟、以及對於各方面都能全方位的搭配以促進參與者正向的態度來達成研究的目標。因此，預期會有人提出這類的問題，先跟贊助的機構負責人員討論容許開放結果的程度。我們建議你顯示出樂於分享結果的態度。就此，還要確定是否留下了所有參與焦點團體人員的姓名與住址。基於我們對於參與者保密上的承諾，有些資訊是不宜公開分享的，例如參與者討論中繪製的投影片、錄音帶、實地研究札記(field note)、或是個別場次的焦點團體報告。可以分享公開的是整個研究的完整報告或是摘要。我們通常會建議與我們合作的機構再加上一封信函(cover letter)寫著：「我們聽到了各位的寶貴意見。以下是我們綜合出來最重要的三、四、五個重點。接下來我們準備要進行的是....（或是這是為什麼我們還無法採取進一步行動的理由）。感謝你們的付出。如果你們想到什麼事情要告訴我們，請不要猶豫，可以打這個電話...」

陸、以備不時之備

　　預防意外事件的方法就是事先設想哪些事情可能會出狀況。以下是可能出狀況的情境以及能可以緊急應變的策略：

一、會議前幾個小時天候變化，不利於外出（hazardous）
　　　直接打電話給每位參與者，告知訪談會臨時決定延期或取消。

二、無人出席：
　　　寄發邀請函前，確認卡片上的會談地址、日期、時間等無誤。抽樣打電話給若干受邀請者，確認對方是否收到邀請函。記得在會談當天將受邀請人及其聯絡電話帶到會場上，以便於必要時電話聯繫確認。事後，試著反省是否哪些程序有誤，以便於在下一場次前儘早更正。

三、僅少數人出席

　　無論有多少人出席都必須準時開始。但在事後要確認所有的人收到書面的邀請函、以及提醒出席的電話通知。試著去了解導致出席率低的原因何在。

四、　聚會的地點不適當

　　考慮換個地點或是就地調整相關設施，但是若能提早發現地點不當的問題更好。要提早到達會場做準備，尤其是你沒有使用過的場地。這樣才可以讓你遇到意外時可以臨時有創意來做機動的調整。

五、參與者帶小孩出席：

　　考慮隨機應變，請一位研究團隊成員暫時充當保母，讓小孩子在一個房間內，或是不要邀請這類有年幼孩童的父母參與焦點團體。試著要在事先考量這個問題。小孩子的問題可能會造成焦點團體難以進行。當小朋友在會場中跑來跑去、或是小嬰兒的哭鬧會喧賓奪主、徹底地干擾討論的進行----至少是從主持人的角度上來看。理想上，這類的問題是可以預知、並事先妥善規劃的。當選定了有嬰幼兒的父母為參加對象時，主持人要先預設這些父母需要托嬰照顧，並於現場能安排保母。如果無法事先規劃好托嬰照顧，也有其他的因應方式。主持人可以立即評估這些小孩的活動力，基於可能造成的干擾來作判斷。如果小孩子能夠保持合理程度的安靜、活動力也不會太大，主持人可以同時讓父母與子女一齊進入會場參加討論（例如還不會爬行的嬰兒通常在團體中是能夠被接受的）。或是讓助理主持人暫時充當保母，帶孩子們到另一個場地。準備拼圖、蠟筆以及彩色圖書等讓小孩們可以忙碌有事做，但是也不要期望他們在之後整個過程都能安安靜靜、不會發出聲響。

六、參與者與其他友人一同出席：

　　有些人會帶配偶、家人、載送前來的司機友人、或他們認為對於討論主題可能有興趣的友人前來出席。經驗法則第一條是：不要讓這個臨時出席者決定自己是否要留下來與會。在會談正式開始前

的空檔時，先與這位不速之客閒聊一下，再來作決定。決定的方向可以是找個會場外的空間讓他們在那裡等候；或是告知他們可以在會議結束時間再回到討論現場，在此期間他們可利用空檔自行活動；或是可能的情況下，允許他們留在現場。如果他們的特質合乎原來篩選參與者的標準，有時我們也會讓他們參與訪談討論。例如配偶等陪伴人員，如果我們覺得不至於干擾團體的話，也可以允許他們坐在會場內—通常是在周邊旁聽席次的位子上。或是我們可以預先準備一些報刊雜誌，請他們在討論期間到中廊或別處等候時閱讀。

七、其餘未受邀請者出現時：

有時候，某些對研究主題有興趣的權威人士也會不請自來。這時你該怎麼辦呢？先感謝他們對該研究表達的興趣，並且同意未來會與他們作進一步的接觸。對於類似記者等類型的人士，可以直接表明這是一個研究型的訪談，而不是一個公開的會議。我們可以告訴他們，在會後我們樂於與他們交談分享，或是當該研究完成後樂於寄送書面報告給他們。至於若是機構的主管等人出席，則表示誠摯的感謝他們對該研究的感到興趣，並告知他們的出席可能會妨礙討論中的溝通。我們會請他們離席。

八、沒人要發表言論時

此時可以考慮指定或點選特定的人名起來發言、或是依照座位順序邀請逐一發言。如果是話題本身的因素，可採用前文所提及的五秒鐘暫停與探詢追問兩個技巧、或是暫停十分鐘，緩和一下心情氣氛，再繼續。也可請參與者提供建議。

九、參與者太投入以致無人想離開會場：

可以考慮暫時停留一會，聽聽看討論的話題。如果你有事必須離開，可採正式的宣布散會以結束訪談、收拾會場，然後離去。如果情況允許的話，讓參與者繼續留下來討論。這是個令人欣慰的困境，有時候也是會發生的。

九、花在前面問題時間太久，而唯恐來不及詢問結尾的題目時：

試著快速進行手中尚未討論的題目，同時監控掌握訪談時間的流失，以便能夠保有足夠的時間討論結尾的題目。結尾的問題通常是最重要的，必要時可以略過中間一些較次要的題目，以尾聲的關鍵型題目為重。

小秘方
預期討論時間不夠用

在進行焦點團體前，設想你只進行到題目的一半，而剩下的時間只有十分鐘了（我們希望這件事情永遠不會發生在你的正式訪談研究中。）預先考慮一下可能的變通方案，以及設想未來如何避免類似情境的發生。

本章摘要

在主持焦點團體訪談之前有許多細節值得事先設想好的。應當事先檢核後勤支援與設備，確認無誤後，在你的備忘檢核表（worry list）將該項目刪去。新手的主持人有時會在會談前有過多的擔憂，並且在會談剛開始顯得格外的焦慮。對於新手主持人的最好建議是：練習著提問問題、在焦點團體前幾天略微擔憂一下，然後在會談討論一開始時盡量地放鬆。

要預測一場焦點團體的走向是很困難的。每次參與的團體組合都是不同的。在整場的討論中，主持團隊必須謹記在心的是：出席者僅是來此一遊的過客、而且時間十分短暫他們分享的都是屬於其所處環境中的真實存有。包容性比較高的主持人會允許討論時有比較大的彈性，主題的引發可能與事先規劃的順序不同。要有心理準備有些事情可能會出錯。練習暫停與探詢兩項技巧、必要時要介入打斷參與者，以便於會談能夠持續進展。也可試著設想將討論帶入尾聲結束的各種策略。

Focus Groups

5.1　實用提示
適用於焦點團體訪談的檢核表

事前通告
* 兩週（或更早）前以電話通知參與者
* 寄送給每位參與者一封正式信函，確認會談時間與地點。
* 在會談之前再次打電話提醒參與者

題目
* 討論題目應當依循著一定的邏輯順序
* 關鍵題目應當著眼於重要的議題
* 必要時運用接續探詢式（followed-up)的提問
* 必要是運用回想過去經驗式(think-back)的提問

行政後勤
* 會場的場地應當是令人滿意的（大小空間、桌子、舒適性、聲響等方面）
* 提早抵達會場
* 每位參與者有個名牌座
* 錄音機放在靠近助理主持人座位旁的桌上
* 在會場的桌上放置無線麥克風
* 多帶一些空白的錄音帶、電池、以及延長線。
* 規劃會前簡短會談的主題。
* 將專家型與健談的參與者安排在主持人座位旁。
* 將害羞於沈默型的參與者安排在主持人正對面座位上。
* 提供點心
* 若有書面以及/或視覺參考資料要多準備幾份副本。

主持技巧
* 練習著無須看稿可以作開場白的介紹。
* 練習提問。熟悉關鍵型題目。掌握時間。
* 充分修習與保持清醒。
* 注意傾聽。參與者是在針對問題回應嗎？
* 知道何時該探詢更多的訊息以及何時要跳到下一個主題。
* 避免點頭。
* 避免口語的回應意見有贊同參與者意見的意味。
* 避免提供個人的觀點。

會談後立即該做的事情
* 檢查錄音機是否收錄到參與者的意見
* 與研究團隊進行簡報
* 儘快地將會中的重要觀點整理成一份簡短的摘要文件。

5.2 實用提示
助理主持人的責任

1.負責所有的設備與後勤供應。確認下列項目的數量充裕：
* 錄音機
* 麥克風
* 延長線（電力供應與麥克風）
* 空白錄音帶
* 名牌座（5 X 7吋名片）
* 誘因與空白收據
* 麥克筆、鋼筆、鉛筆、蠟筆、紙張
* 點心
* 新的電池
* 視覺型或書面的資料

2.負責點心的準備。安排點心的購置與在會場中的安放。
3.協調安排場地與會議地點。安置桌椅，讓每個人都能互相看到彼此。注意看看背景雜音是否會影響到錄音的效果。
4.安置好設施。確認設施都能正常操作。
5.在參與者到達時接待歡迎他們。

6. 坐在預定的位置上。最好坐在參與者的外圍、主持人的對面、並且靠近入口大門的地方。如果有人在會談開始後才到達時，先出來在門口與他（她）會面，帶領他（她）先站在會場門外，簡述一下會場中之前已經進行過的流程、以及正在進行討論的主題。然後才帶領這位晚到者進入會場，進入為他（她）安排的座位上。

7. 在會談全程中都要做紀錄。特別注意下列關心焦點：

* 參與者敘說到要點的原始文句引言要逐字加以記錄下來。注意特別有啓發性的短語或是句子、或是論述精彩的特殊觀點。利用引用原句的符號（如雙引號）在該句子旁邊作為註記，並記下來發言者的姓名。將你個人的意見、想法放在括號內，以便於與參與者的意見有所區別。

* 如果想到什麼題目可以在會談尾聲時提出討論，寫下來並用圈圈或是框框加以註明。

* 記錄下來非語言行為。觀看顯示同意、支持或是有興趣程度的一些明顯的徵兆，諸如點頭、外顯的興奮表情、特定參與者之間的目光接觸等。

* 記錄座位的順序。

8. 監控錄音設備。隔一陣子眼神要飄向錄音機，確認錄音帶是否在轉動。並在適當的時候將錄音帶翻面、或是換上新的空白帶子。
進行這些動作時力求自然穩重，避免大家將目光集中在錄音設備上。在錄好的帶子上貼上標籤，註明日期、地點與錄音帶的順序號碼。

9. 不要參與討論。除非有主持人邀請，你才可以發言。無論你針對某個議題有多麼強烈的感受或是意見，請控制你的非語言行為。

10. 受邀請時才可以提出問題。在討論尾聲時，主持人可能會邀請擬提出問題作為澄清或是詳細敘述之用。

11. 口頭提出摘要。在討論尾聲時，主持人或是助理應當針對參與者在重要題目上的意見整理成簡短的摘要口頭報告 （約兩分鐘長短）。邀請參與者對於該份摘要提供補充或是修正意見。

12. 分發出席會議禮品。如有需要，請參與者在收據表格上簽名，證明接收到該份禮品。感謝參與者的出席。

13. 簡報（debrief）。在焦點團體之後，與主持人共同參與簡報。並記錄簡報。

14. 在分析上提供回饋意見。閱讀分析報告並提供回饋意見。

實用指示5-3
運用現金作為誘因的小秘方

　　財務上的誘因禮品在商場上的焦點團體研究是制式的作法，但對於公家或是非營利機構可能是一種挑戰。公家機構通常會發現提供獎金當作禮品給焦點團體參與者幾乎是不可能的，或是有極大的困難。一所大型大學的會計人員告訴過我們：大學無法提供金錢獎勵，因為在會計程序中並無先例，或是並無該類支出項目。回想一下，公家機構支付現金是極為少見的事情。如果你被授權運用現金，確定要使用合法的會計程序以確保經費的支出證明。以下是若干建議：

1. 焦點團體中接受現金的參與者應在收據上簽名，證明收過現金的支付。而且，你可以要求參與者提供某種證件號碼或是住址以資佐證。
2. 攜帶現金進入會場的主持人應在領錢後與離開會場前簽收表示經手過這筆錢；在團體訪談結束後，也要對於發放出去以及未使用的金額兩者的總額加總無誤後簽收確認。
3. 在團體討論之前先準備好裝錢的信封袋。為每位參與者準備一個信封袋。信封袋內裝有現鈔並封口，信封袋外則寫上參與者的姓名。
4. 這些當作禮品的現鈔要謹慎保管與運送到會場。
5. 焦點團體中的每位參與者收到的現金禮品應是同等的金額。切忌不要支付給某人比其他人更多或是更少的金額。
6. 在焦點團體結束時，讓主持人或是助理主持人來分發這些現金禮品，並請參與者逐一在收據上簽收。

　　記住，有時候使用金錢當作誘因也可能是不恰當、拙劣的、或是無法辦到的。前人的經驗是：如果你沒有錢，創意是必要的。透過創意的作法，你設想到的誘因可能比僅只是給予金錢更加的有效。

Focus Groups

　小秘方

　　要進行焦點團體之前，要先設想如果你只能討論完一牛的題目，而只剩下十分鐘就要結束了。（我們希望你們永遠不會遇到這種情境。）試想你可能採取的變通方法、以及未來如何避免類似情況的發生。

1.譯者註：人口學上的特徵包括性別、種族、年齡（層）、社經地位等。
2.譯者註：嚴格講求研究倫理的研究通常會需要在受試者認可且同意下，才可以開始進行研究。
3.譯者註腳：英美人士以稱呼名字不稱姓來顯示親切；再者姓氏本身的單字可能很長，佔據名片中太多空間。
4.功績制(merit pay) 是指依據成員的表現來決定薪資高低的制度。

第六章 焦點團體的結果分析

本章預告

研究目的引導資料之分析

何謂分析

資料的種類

分析策略

幾個實作秘訣

對於「資料分析」的一種說法是：
資料分析是對研究發現進行檢驗、分類、表格化或是重新組合的歷程，其目的在於檢視研究原先訂出的議題是否成立。

下面這則故事的內涵絕不是我們所謂的「資料分析」：

從前，有一所高等學府準備聘請一位新校長。董事會雖然接受各方提出的申請，但由於支付差旅的預算有限，因而只慎重考慮幾位就近的申請者。最後，有三位教授脫穎而出，將由董事會進行最後的面試。第一位入圍者是一位會計學教授，第二位是一位工程學教授，第三位則是一位經常在外擔任管理顧問的教授。在對三位入圍教授進行所有的面試工作後，董事會不知如何取捨。為了解決這個難題，董事會決定邀請三位入圍者回答最後一道問題。

會計學教授首先被問到：「二加二等於多少？」這位教授不假思索的立刻回覆：「毫無疑問地，這個問題的答案是四。」

第二位被問到的是工程學教授，問題同樣是「二加二等於多少？」這位工程師想了一下子，回答說：「在工程的領域中，這樣的問題可謂司空見慣。對於數字，我們通常必須注意到四捨五入這個問題。因此，第一個2可能是介於1.50到2.49之間的任何數字，而第二個2也是同樣情形。而這表示二加二的和可能是介於3.00到4.98之間的任何數字。」

最後，董事會請那位管理顧問進到會議室。同樣的問題：「二加二等於多少？」這位顧問慢條斯理的站起來，走過去把門關上，然後走到窗邊把百葉窗拉上，最後回到會議桌。他整個人向前傾，整個身體幾乎趴到桌子上，然後用一種幾乎聽不到的聲音問道「你們希望答案是什麼？」

質性研究的資料分析絕不是你希望它是什麼樣子，它就是什麼樣子。但是不幸的是，有時候這的確是一般人所持的看法。本章的目的在於介紹焦點團體分析的幾個重點，並彰顯出這個分析方法的實用性、系統性及可驗證性。

　　對於從事質性研究的研究者而言，分析可能是研究過程中最難跨越的難關。面對一大堆原先沒有預期的資料固然令人吃不消，但是通常是分析過程所涉及的複雜程度，令研究者裹足不前。

Focus Groups

 壹、研究目的引導資料之分析

　　資料分析一定要回歸到研究目的，在整個分析的歷程中，研究者應該要時時牢記研究目的。一般人眼中的質性研究者，經常是被大量累積的資料壓得透不過氣，而且還面臨多種不同方法的選擇。這裡的關鍵性原則是，由研究目的來決定分析的深度及密度。有時候研究的目的較小，分析可能就不需要太深入或過度鋪陳。然而，不管是質性或是量化的分析，當分析的資料和研究問題搭不上(mis-match，也就是說，這些資料無法回答所提出的問題時)，問題就來了。這種情形常導致對枝枝節節的資料做過度的引伸，或是對重大而複雜的問題分析不足。為此，研究者必須牢記研究的目的，並且在衡量各種不同選擇時考慮到兩個因素：現有的資料來源以及某筆新資訊的價值。

背景
牢記研究目的何在

　　本章的主題是資料分析，因此我們想要確知你抓到這個重點。我們反覆提醒讀者要牢記研究目的，因為唯有如此，我們才不會偏離主題。如果我們在整個研究過程中都能把握住研究目的，我們可以更迅速有效的獲取必要的資料。研究目的影響到研究的每一個動作及細節，包括引導我們規劃整個研究、建議我們該投入多少時間及資源、提供我們該招募哪些類型參與者的線索、引導我們擬定訪談問題、協助主持人瞭解討論應聚焦於何處、以及幫助資料分析者知悉重點所在。我們特別強調這一點，因為研究新手對於他們可以從研究中學到很多新知或是聽到團體中這麼多新奇有趣的見解時，有時會過度興奮而迷失，甚至忘記了研究目的何在。我們聚焦在研究目的上，並不意味我們不能接受其他的可能性。我們仍然保持開放。但是，當我們在檢視某些研究目的之外的發現時，我們很清楚自己正在做什麼（而非渾然不知已經離題），同時我們也會衡量繼續追索這個發現的可能得失。

Focus Groups

從某方面來說，剛開始著手焦點團體分析時，就像是站在一個迷宮的入口。一開始，呈現在研究者眼前的是好幾條不同的路徑，而當他繼續走下去，新的路徑與選擇可能在這過程中不斷的湧現。對於研究者而言，除非他對某條路徑做過探索，否則他永遠無法得知這條路徑是否能找到豐富的寶藏。然而，探索的歷程需要投注心力，即使只是在角落偷窺一下。若想要順利完成研究，則必須對研究目的有一清楚的掌握。

貳、何謂分析

焦點團體資料分析的特點計有系統性、順序性、可驗証性、以及持續性。

一、分析是有系統及有順序的

有系統的分析意指分析工作是精心策劃而非朝三暮四或是隨心所欲而進行的。整個分析工作是一個有順序(sequential)、不斷演化的歷程。藉由這種有系統、有順序的分析程序所得出的結果，較能正確反映出團體成員共通的觀點。為了避免犯錯或是忽略關鍵因素，我們製訂一套系統化的程序。系統性的分析意指分析策略被很詳細的載明，而且所有研究小組成員都了解且可以清楚說明該策略為何。當你一被問到「那是怎麼得來的？」這樣的問題時，你馬上就能夠說出支持這個發現的証據線索。換句話說，這個分析歷程可被公開的檢驗。

二、分析是可驗證的

　　可驗證性(verifiable)指的是另外一位研究者使用現有的文件資料，應該也可以獲致相似的結論。身為凡人，我們不免會選擇性的接收那些印證我們原先觀點的說法，而避免去處理那些會引發認知失調，或是我們不懂的資訊。我們所受的訓練、背景及經驗，都會影響我們所關注的重點。研究者必須時時警覺，提防自己掉到選擇性知覺的陷井之中。而分析的可驗證性是一道關鍵的防線。

　　分析若要達到可驗證性的程度，則必須要有足夠的資料來佐證。這些資料包括從每個焦點團體所蒐集到的實地筆記及各項記錄，每個團體對於討論重點所做的口頭摘要（參與者的驗證），各個主持人緊接在團體之後所做的簡報，如果有逐字稿，也要包括進來。

三、分析是一個持續的(continuing)過程

　　焦點團體的分析截然不同於對數字的分析。這兩者之中一個很明顯的差別在於分析的起點與終點。當研究者分析數字時，通常要等到所有的表格、調查或文件收齊後才動手。在所有資料或至少是一筆可觀的資料到手後，研究者開始做資料輸入的工作。資料經過編碼後，這些原始資料就被鍵入電腦。資料蒐集的工作一結束，資料的分析接著展開。換句話說，在量化研究中，資料蒐集和資料分析截然劃分。相對而言，焦點團體的資料分析較早開始，在第一場焦點團體就開始了。也就是說，焦點團體的資料分析和資料蒐集是同時並進的。每一場次的團體均要和先前的團體進行對照與比較。事實上，資料分析的工作有助於改進後續資料蒐集的技巧。帶領焦點團體的新手應該要仔細的安排進程，最好在進行下一個團體之前能有足夠的時間謄寫該團體的錄音帶。而且，最好能針對團體寫成一個簡短的摘要，這個摘要必須觸及團體討論的每個問題。這麼一來，你很快就會發現到要為某一特定問題蒐集更多資訊，或是發現該團體並未真正回答某個問題，而在下一個團體中特別注意到這一點。另外，你也可以指出某個問題未能蒐集到原先預期的資料，而決定在後來的團體中調整該問題。在研究過程中持續的進行資料分析，有助於提昇團體主持人的效能。

四、事先為分析做準備

在實際進行第一場焦點團體之前，研究者已著手為資料分析的工作奠基。資料分析的工作始於研究者或團體主持人開始去熟悉研究領域，獲取有關研究問題的背景資料，探索過去的相關研究，以及與研究贊助者或是客戶討論該研究案。然後藉由決定出焦點團體成員必須具備的特質，整個研究設計開始成形。團體的組成與設計必須要以能獲得想要的資料為考量。另外，如果你想分析男女的感覺有何異同，男女必須分屬不同團體。團體中要討論的問題，其敘述方式也要以有利分析為準。甚至在第一個團體開始之前，團體主持人或研究者最好能仔細審視這些問題，思索這些問題是否符合研究所要探索的具體目標，是否可以產生洞見。在團體過程中，當參與者的反應避重就輕或趨於表面化時，要進一步的探問與澄清。

在團體中，這個順序性的歷程未曾中斷過，而事實上，這個歷程是焦點團體很關鍵的一環。在團體中討論的問題是依先後順序安排的，參與者後來的意見是植基於稍早提出的意見。早期的問題通常較不重要，較少在分析時受到重視（有時甚至被擱在一旁）。而較後期的問題所引發的反應通常是研究很關鍵的資料。精心設計的結尾型問題（請見第三章）有助於確認團體成員所要表達的中心意旨，而在討論結束時，一個簡短的口頭摘要則可作為一種驗證或核對。即使在團體結束後，這個順序性的歷程還是持續下去，這包括與團體主持人和助理主持人在團體之後立即進行的簡報，這個簡報當然也可以納入實際觀察團體的其他研究小組成員。這時候，團體主持人要很快確定錄音機是否錄下整個團體過程，而實地筆記是否記載得很完整。然後，錄音機開始播放錄到的訊息，而小組成員開始針對他們所聽到的進行討論：這些資料的主旨為何？有那些特別有用的引述？有哪些出人意表的訊息？這個團體和先前的團體有何異同？下一個團體需要做任何的調整嗎？

這個順序性的歷程會持續下去，但是從這點起，可能會導引到幾個不同的路徑。這些路徑將在本章的「分析策略」中一一介紹。

Focus Groups

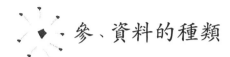

參、資料的種類

資料蒐集的方法會因為研究目的、時間許可、研究預算以及客戶需求而做調整。一般而言，蒐集的資料計有下述幾類：逐字稿、錄音帶、筆記以及主持人的記憶。

一、以逐字稿為主的資料分析

以逐字稿為主(transcript-based)的分析是以未經刪節的焦點團體逐字稿作為分析的基礎。此外，研究者撰寫的實地筆記也可做為補充資料。待焦點團體一結束，研究者或是另一位謄稿者立即完成謄寫的工作，而這樣一份逐字稿可能動不動就是三、四十頁密密麻麻的文件。對於 一位速度極快的打字好手，即使配有適當的工具，謄寫兩小時的焦點團體仍可能花上八至十二小時。逐字稿通常沒有行距，但在兩位發言者之間會空一行來區隔，而團體主持人所說的話，為了便於辨識，通常會放大字體或以粗體字來表示。

有了逐字稿，研究者在分析工作上就有數個選擇，我們在稍後會介紹其中幾個作法(將資料攤在長條桌上或是利用電腦來編碼)。一般情況下，研究者一邊閱讀逐字稿，一邊做筆記，針對段落來編碼，或是發展一些類別 (categories)。通常逐字稿在列印時會預留較寬的頁邊留白(margin)，如此一來，研究者在進行分析時，就可將註解和意見寫上。有些研究者則利用色筆來標示或是以剪刀剪下和研究主題最相關的文字段落。

研究者接著要準備一份報告，這份報告的內容，除了團體發現的摘要之外，還包括和研究中其他不同對象團體的比較對照。這份報告可以焦點團體中討論的問題作為報告大綱；如果這些問題可以被統攝於幾個主題之下，那麼這些主題當然也可作為報告的大綱。

二、以錄音帶（摘錄的文字稿）為主的資料分析

相較於以逐字稿為主的分析，以錄音帶為主(tape based-abridged transcript)的分析較不費時。這種分析方法為仔細聆聽各場焦點團體的錄音內容，然後針對討論中最相關、最有用的部分，撰寫出一份摘錄。這樣一份摘錄通常只有十五到三十頁，而不會像逐字稿有三十到五十頁那麼長。由於排除了不相干的對話，這份摘錄可視為焦點團體的濃縮版本。

然而，只有那些對研究目的有透徹了解的人才可能寫出一份好的摘錄。對於不了解研究的人而言，有些對話可能顯得多餘或不相干，或是他們覺得那只是在佔用討論的時間（而事實上不是）。這樣一份摘錄應該由研究小組的一員來負責。

三、以筆記為主的資料分析

以筆記為主(note based)的分析主要仰賴實地筆記。研究者仍然會對焦點團體進行錄音或錄影，但是這些影音資訊只是備用性質，有時用來確認筆記的內容是否正確無誤。以筆記為主的分析，其最大的優點是速度快。

以筆記作為資料主體的研究，其品質的關鍵在於助理主持人(assistant moderator)是否有能力捕捉到團體中的重要訊息。相對而言，主持人由於要專注於團體討論，他所做的筆記通常是大略而不完整的。在撰寫筆記時，要注意到一致性，因為主持人在有些情況下會依據助理主持人所做的筆記來進行資料分析。而不管在任何情況下，筆記都要標明清楚那些是直接引用參與者所說的話，而那些是經過記錄者複述參與者的意見後所寫成的。

四、以記憶為主的資料分析

這種方法最好由專業人員來執行。以記憶為主(memory based)的資料分析需要相當的技巧與經驗，一位新手極有可能出錯。這種分析通常是由專業主持人在特別設有單面鏡的焦點團體室中使用。

在團體結束後，主持人至單面鏡後的觀察室，針對團體中討論的重點做成一個摘要。雖然主持人可能撰寫一些粗略的筆記，不過這份摘要大體上還是根據記憶完成的。

　　毫無疑問地，這類的分析最適用於那些有明確結果之研究，例如對不同產品的選擇，或是某一種新產品的市場潛力。這種分析策略在下列這些情況也有不錯的成效：當焦點團體討論的問題非常具體，當主持人要求參與者做出明確的回應，以及當主持人利用討論記錄或是較詳細的筆記來捕捉重點。

　　報告是以口頭方式呈現，並且會預留時間給觀察焦點團體的客戶提問或回應。有經驗的主持人發現到，有時他們必須力排這些客戶或贊助者提出的毫無根據的結論或解釋。贊助者通常會找尋證據來支持他們原先的見解，而主持人（研究者）的角色就是要以一個更平衡的觀點來引導他們避開這些陷阱。

肆、分析策略

　　這裡就是讓很多研究者覺得「卡住」的地方。面對這些逐字稿、錄音帶，以及筆記，他們常不知如何下手。的確，資料分析的工作可能令人喘不過氣。我們建議研究新手採用「長條桌法」（long－table approach）。這是一種經過長時間考驗的方法，其主要的作法是將整個分析歷程分解成數個適當的、可處理的區塊(chunk)。

一、長條桌法（long-table approach）

　　較之應用電腦來分析，長條桌法算是一種低度使用科技(low－technology)的方法，但有爲數不少的研究採用這種分析方法。

研究者可利用這種方法來指認出重要的主題以及將結果歸類(cate-gories)。這種分析策略可能看起來不是很精緻或很巧妙,但的確可行。以這種方法進行分析時,你需要下列設備或材料:

◎ 一個可以讓你攤開所有資料,同時可以讓你在不受打擾的情況下完成分析工作的房間。最好有幾張長條桌,可以將所有資料攤開。如果你不介意一直彎著腰或是蹲著,當然也可將資料攤開在面積夠大的地板上,不過要注意別讓小孩或貓狗闖入。如果你不在意把東西黏貼到牆上,當然也可以將資料貼到牆上來作分析。

◎ 逐字稿

◎ 剪刀

◎ 用來劃記的彩色筆

◎ 用來影印逐字稿的不同顏色影印紙

◎ 海報紙

用剪刀將逐字稿中每位參與者的談話剪下來。在握有這些個別參與者的談話內容後,你可能也想知道這些引述究竟出自逐字稿的那個部分。為了幫助研究者在逐字稿被分割為數百張小紙片後,能夠指認出每張小紙片上引述的出處,我們提供下述幾個小秘訣:

秘訣一:將逐字稿的每一行標上號碼。大部分的文字處理軟體都有這種功能,無需你一行一行的標記。這些號碼可以幫助你很快找到某段引述在逐字稿上的位置。

秘訣二:將逐字稿列印於不同顏色的紙上,如此可以就不同參與者或不同類別來進行編碼(例如,將學生團體的資料影印至藍色的紙上,父母團體綠色紙等等)。另一種作法捨不同顏色的影印紙,而是利用不同顏色的筆來標識,像是在每一頁學生團體逐字稿的左邊留白處,從頂到底劃一條藍線,而在父母團體的逐字稿則劃上綠線。(如果你要求更系統化,可以在第一個學生團體上劃一條藍線,第二個學生團體劃兩條藍線,第三個團體劃三條藍線,依此類推。

父母團體也採同樣作法。如此一來，你不僅可以一眼就分出學生團體與父母團體，而且還可以知道是出自第幾個團體。）這些小秘訣可以幫助你在剪開逐字稿後，很快找到各段引述的出處。

　　每場焦點團體的逐字稿最好準備兩份，一份用來剪開以利分析，另一份則保持原封不動。將原封不動的逐字稿保存在你的檔案之中。

　　將那份要用來分析的逐字稿依序排好。這順序可能是依照團體進行的先後，而更常見的是依照參與者的類別或是篩選的特徵來排出順序。例如，如果你進行了三個學生團體，三個父母團體，以及三個教師團體，你在處理完某一種團體（例如學生團體）所有的逐字稿（三份）之後，再接著處理另一種團體。這樣的安排可以幫助你察覺到這兩種團體間的差異。

　　在動剪刀之前，最好能快速瀏覽所有的逐字稿一遍。這個瀏覽動作的用意在於提醒你整個研究的範圍，以及讓你重新回憶一下團體中討論的內容。

Focus Groups

　　將海報紙放在長條桌上，置於地板上，或是貼在牆上。在每一張海報紙的頂端寫上一個要進行分析的焦點團體問題。假如你有十個問題要分析，你周圍就會有十張海報紙。另外，你也許想將每張海報紙分成幾個區塊來代表不同型態的參與者。例如，你可以將海報紙分成三大區塊，將學生團體、家長團體及教師團體的意見個別放在所屬的區塊中。

　　現在可以開始動剪刀來進行分類的工作。

　　仔細閱讀每一段引述並回答下列問題：

問題一：這位參與者是否回答了所提出的問題?
□ 如果「是」的話，跳到問題 3。
□ 如果「不確定」的話，先把它放在一旁，稍後再做分析。
□ 如果「否」的話，接著回答問題 2。
（假如你對某些回答很難下決定或是不甚清楚，最好採取較保守的作法，將它們留到稍後再分析）。

問題二：這個意見是否回答了焦點團體的另一個問題？
□ 如果「是」的話，將之歸到適當的問題之下。
□ 如果「否」的話，接著回答問題 3。
（注意：不要假設參與者會逐題作答。有時侯，他們會針對先前的問題來作答，有時他們甚至會先談到那些尚未被問到的問題。當這種情形發生時，要把他們的意見放到適當的位置。）

問題三：這個意見是否提出了和研究主題有關的重點？
□ 如果「是」的話，將之貼在標有適當問題的海報紙上。
□ 如果「否」的話，將之放在一旁。
（秘訣：黏貼時，不要使用太多膠帶，因為你稍後可能會四處移動這些參與者的意見。）

問題四：這個意見是否很像先前提到的觀點？
□ 如果「是」 的話，你可以開始將相似的意見集在一起。基本上你已經在進行分類的工作。
□ 如果「否」的話，另起一個類別。

你持續的進行比較及抉擇：這個引述與其他的引述有何異同？海報紙上很快就會貼滿了參與者的意見，但並非每一筆資料都可以很明確的歸在某一類別之下。在焦點團體中，參與者經常會離題或是在無關緊要的事項上做過多的引申。你很可能用不到這些資料，而將這些像是大雜燴的東西放在一旁，不過別順手就扔掉這些資料；相反地，你需要安排一個儲藏區，將這些目前用不到的資料存放起來，以利日後再進行分析。你可能在日後重新調整類別或是創出新的類別，屆時你可能想回去重新審視這些尚未被採用的資料，看看它們是否可歸到新的類別之下。這個儲藏區可能只是房間中間擺放的一個箱子，便於將目前用不到的引述丟進去。

在你剪開所有的逐字稿後，就可針對每個特定問題進行分析。首先要確定你是否把相似的意見歸到同一類別，你可能會反覆調整直到你覺得滿意為止。你可能想找另一個人談談你如何進行分類，你也可以直接拿已完成的類別給他看。當你把所有的引述都分類完成後，就可以進到下一步。

回頭去仔細閱讀每一張海報紙上的資料，然後針對每一種團體對問題的回應寫成一份描述性的摘要。也就是說，針對學生的回應、父母的回應、以及教師的回應各寫成一篇摘要。接著進行這三篇描述性摘要的比較與對照。這三者之間有何相似點？有何相異處？這時候只需描述實際的內容，稍後你可能想更進一步詮釋這些內容的意義或是提出建議。

在這個歷程中，你必須決定如何賦予這些意見或主題不同的重要性。關於這點，我們考慮到下列數個因素：

頻率(frequency)：
　　雖然我們會注意到某個議題被提出的頻率，但是如果我們假設最常被提出的話題就是最重要的話題，那我們可能犯了天大的錯誤。有時候，很關鍵的見解可能在一系列的團體之中只被提出一次。因此，你必須對研究的主題有充分的了解，才可能在瑰寶現身時，一眼就認出來。

Focus Groups

明確(specificity)：

一般而言，我們會較重視那些具體明確、交代細節的意見。舉例來說，假如我們詢問參與者為何有人不喜歡搭飛機，一位參與者詳細的描述她丟了行李、當時的反應及所經歷的一切，而另一位可能只說：「噢！我很討厭他們把我的行李弄丟了」。兩者對照之下，我們會較看重前者的意見。

情緒(emotion)：

另外，如果參與者在回應某一問題時，表現出高昂的情緒、熱情或強烈語氣，我們也會較看重這樣的意見。

廣度(extensiveness)：

頻率和廣度是相關但並不相同的兩個概念。廣度是指多少人提到相同的事情，而頻率則是某件事被提及的次數。在團體中可能有一位參與者反複談論同一主題，而我們的確也經歷過很多類似的團體。雖然該主題被提及不少次，但只是由同一個人提出。因此，我們比較在意廣度。

在針對每個問題寫成描述性摘要之後，仔細的閱讀並比較這些摘要，看看是否有些共通的主題貫穿這些問題？是否有些主題反複出現？如果確是如此，可以考慮以這些主題來架構你的書面報告，而非圍繞著問題來撰寫，另一種作法是將某些問題合併起來。

到此，你可以把資料推開，休息幾天，給自己一個機會重新將注意力聚焦於整個研究。這個研究的目的何在？這些研究結果將交由誰來運用？你是否已找出有用的訊息？你要如何組織呈現這些資料，才能真正傳達出參與者共通的意見？在分析資料時，我們很容易會被一些無關緊要的精采細節所吸引而離題。在休息幾天之後，回頭去總結分析的工作。

當我們撰寫報告時，可以研究問題 (questions)或是主題(themes)來建構整個報告的內容，然後用先前寫就的摘要來描述說明我們所討論的問題或是主題。如果撰寫的是一份敘事性質的報告，我們會

選擇適當類別中的引述來闡明我們的論點。換句話說，這些引述將被視為證據。我們找尋那些可以捕捉我們論述精髓的引述。這些引述可以讓讀者了解到參與者如何陳述這些看法與見解。一般而言，我們在論述一個類別或是主題時，通常會以三個引述來佐證。

在完成這個層次的分析後，接著可以將我們的詮釋或建議也加進去。不過，我們可能要謹慎的處理這個部分，最好將這個部分與先前分析歷程所得到的研究發現區隔開來。

這個長條桌法已被沿用好一段時間，不過它的效果仍然被大家肯定。當然，這個方法有多種不同的版本，但是核心的元素總不外乎剪開逐字稿、分類，以及藉由比較、對照來處理資料。

我們建議第一次從事質性分析研究的新手使用這個方法。這個方法具有系統性，且將整個分析工作分解成幾個可行的步驟。一旦精通這個分析方法，你比較能夠依據不同的需要而做適當的調整。

二、使用電腦來協助處理資料

電腦早已被利用來協助焦點團體的分析工作。就我們所知，運用電腦來分析焦點團體的資料，有三種不同作法，但是很可能還有其他方法。我們接下來介紹這三種方法，每種方法都假定你手上有逐字稿。

第一種方法是利用文書處理器來進行剪貼工作。基本上，這個方法就是利用電腦來執行先前介紹的長條桌法。如果使用這種方法，要特別注意到每一筆引述的出處。我們很容易發生的一種情形是將引述黏貼於同一個區塊，但卻未注意到它們的出處。掌握出處有時是很關鍵的。要解決這個問題，我們可以發展出一種依據團體或參與者來指認出每一筆引述的編碼系統。

第二種方法超越文書處理程式的剪貼功能，而進一步對引述進行編碼。有不少研究者很有創意的使用電腦中排序、編碼或巨集的功能來進行分析。基本上，他們沿用平常就在使用的軟體來協助分析工作。這個軟體系統可能不若專門軟體般的精緻，不過它的好處是研究者對於操作這個系統非常熟練。

　　第三種方法是利用專門為質性分析而設計的軟體。Ethnograph 和 NUD*IST是其中兩個較常見的軟體。這些軟體可以進行各式各樣不同的分析。這點是其他分析方法很難企及的。例如，這些程式可以做到「套疊」（nest）的程度。這裡指的是，如果你在較長的引述中夾著一個較短的引述，程式可以將這兩個段落分開編碼。早期的分析方法通常限制你只能將引述置於一個地點，但是這些特別設計的電腦程式則沒有這樣的限制。另外，如果你想審視那些具備某些特徵的參與者的意見，即使這些引述已經過電腦編碼，你仍然可以藉助電腦程式回去找到這些引述的出處。其他的分析方法也可以做到這一點，但是做起來會比較困難、不順手。

　　這些特別開發的電腦程式最大的優勢就是可以協助處理大量的文字資料。同時，它們可以協助分析者仔細的審視資料。由於這些優勢，這些程式在學術單位頗受青睞，特別是研究所。這種電腦程式式的劣勢在於需要花費時間去學習及操作。另外，這些程式常會提供某些我們不一定需要的分析。

三、快速法(rapid approach)

　　有時候時間是關鍵的考量。如果馬上要做一個決定，那麼快速獲知研究結果就變得很關鍵。不過，當速度變成主要推動力時，要特別的謹慎小心。當時間緊迫時，有經驗的團體主持人通常會使用如下幾種策略：

- 將研究聚焦
- 仔細研擬討論的問題，以利資料的快速分析
- 提出比平常少的問題
- 使用可移動式的紀錄紙如海報紙（flip chart）記錄討論來捕捉參與者的意見
- 在團體結束時做口頭摘要
- 設置助理主持人以利研究結果的驗證

背景
　　如果你想對快速焦點團體有進一步的瞭解，可以參閱下述這本書的第十二章：

Krueger, R. A. (1998). Moderating focus groups. Thousand Oaks, CA: Sage.

四、語音法(sound approach)

這是一種革新的方法，其作法是利用某些工具及電腦程式，以數位的方式全程錄下焦點團體的討論。藉助特殊的軟體(例如Sound Forge)，主持人可以將聲音錄到手提電腦中，並在重要的段落上做記號，以利後來的分析工作。如此一來，研究者可以很快的瀏覽整個逐字稿，找出先前做的記號，找到實際引述的出處，並將該引述播放出來。之後，研究者可以將這些意見分類，就如同將書面逐字稿中的引述歸於不同類別一般。而在撰寫報告時，可以將這些燒錄於光碟片中的實際引述穿插在文章之中。對於這種方法有興趣的讀者，可以參閱 Quirk's Marketing Research Review 中由Pierre Belisle (1998, P.18)撰寫的一篇文章。

伍、幾個實作秘訣

讓我們直接切入重點。假設你在不久後必須分析一系列的焦點團體，我們可以提供你那些實際有用的建議？以下是我們的幾個建議。

一、了解你研究環境的特殊需求

焦點團體的研究方法可能言人人殊，而就你所處的環境而言，某種分析方法可能完全不切實際，或是根本就可以棄之不理。找出前人做過的研究，看看他們如何分析。如果這是你第一次分析焦點團體，可以向同事請益，詢問他們如何執行一個研究。一個博士論文研究與一個以微薄預算為小型非營利機構所進行的研究，兩者所涉及的分析自然不可同日而語。

二、親自參與焦點團體是上策

　　能親自參與焦點團體是再好不過了。我們極力鼓吹最好是由親自參與焦點團體的人來實際執行分析的工作。據估計,一場焦點團體所激盪出的訊息之中,逐字稿佔全部內容的百分之八十,而剩下的百分之二十則包含了所有其他在團體室中發生的種種。對某些團體而言,團體的生態與氣氛必須被納入考量。

三、並非每一個細節都值得分析或是可以被分析

　　研究生手常犯的一個錯誤是認為他們必須使用所有的資料。在某些焦點團體中,大半的討論可能無足輕重,但是在某些團體中,參與者的意見不僅豐富而且具啟發性。對於討論的問題,你必須分辨哪些是較重要的。而在團體討論的過程中,你必須特別留意那些最切題的交談內容。

四、分析是以規律性的辨認為主(pattern identification)

　　一位小學教師利用一種很生動有趣的方法來教學生分類系統。這位教師帶來滿滿一大盒的鑰匙,接著把鑰匙倒在教室的中央。他要求學生整理這一堆鑰匙,學生可能會問老師,他們要如何整理,老師告訴他們有很多不同的方法,鼓勵學生先思考清楚,再把鑰匙分類擺放。這些孩子興緻勃勃的開始動手去做,他們討論各種可能性,比較各種不同的方法,在改變他們的方向好幾次之後,終於一致同意某一種他們較喜歡的方法。他們有時候會捨棄某種方法而採用另一種方法。而不管如何,這總是一個很有趣的訓練。有些孩子會依據鑰匙的顏色或金屬材質(黃銅、鐵、或鎳)來分類,有些則以大小來分類(小、中、大),另外一些孩子則依據鑰匙的種類(汽車、房子、扣鎖、行李等)來分類。這裡並沒有所謂錯誤的方法。過了一會兒,一位學生詢問這些分類系統的目的何在。(機會教育

的好時機！）整理這堆鑰匙是爲了將來使用上的方便？或是要做爲
展出的美勞作品？分類的方法端視我們的目的而定。同理，從事焦
點團體研究的研究者必須反思他們分類的目的何在，而這些分類的
類別通常是由研究目的來決定。

五、提防個人的偏見或是對研究主題有先入爲主的看法

　　對於如何分析焦點團體，每個人可能有不同的作法。有些人對
於研究發現有某種預感，當他們發現第一筆支持這個預感的證據時，
馬上就跳到結論。有時這個結論並不成熟。在下結論之前，一定要
先自我挑戰，例如尋找反證或是和結論相違的資料，也可以向同事
請益，特別是那些來自不同專業背景的同事。你必須要能隨時放掉
原先堅持的解釋，接受另一種說法。對某種議題的原有看法有時派
得上用場，但是有時也很危險。最好是放開心胸去看到多重的事實
（multiple realities）。

六、你是參與者的喉舌(voice)

把自己當作參與者的喉舌或是詮釋者。你的任務就是很清楚的傳達出參與者對於某個主題的感覺與看法。在某種程度上,你是他們的發言人。他們可能有許多不同的聲音或各式各樣的觀點要呈現,而你的任務就是正確的描繪出這些觀點所涵括的範圍。

七、對事實做視覺的呈現

你可以考慮將研究發現做成圖表。在描述研究結果時,流程圖、矩陣、圖表等等視覺的呈現方法很受用。另外,素描、圖畫、影像、漫畫或是類比,這些媒材有時也很有用。Anselm Strauss (1998) 運用視覺技術來協助學生分析質性資料。以視覺方式來呈現研究結果,不僅有助於分析的進行,對於日後要交待研究發現時,也有很大的助益。

八、丟掉數字

我們會注意到某個意見被提出的頻率,但是我們並不計算這些數目,也很少會在報告中提到數字。在焦點團體的報告中,數字很可能會誤導讀者。讀者通常會把數字轉換為百分比,再推算到整個母群中所佔的人數。這種作法並非明智之舉。一來樣本數太少,加上並非每個人都對所有的問題做回應,有些人可能對同一個議題發表三次看法,其他人則可能默不作聲。因此,我們不用明確的數字,而以「無人」、「有些人」、「許多人」、「很多人」、「大部分的人」或是「所有人」這些修飾語來描述有多少人針對某個議題發表意見。

本章摘要

　　焦點團體的分析是一個刻意、有目的性的歷程。這種分析方法具有系統性，運用可驗証的程序，具備一定的先後順序，以及是一個持續的歷程。在實際作法上，我們可以選用不同的分析策略，不過要特別注意到各個策略的重要特徵。逐字稿、錄音帶與筆記一般被用來作為分析的主要材料。長條桌法可以協助你將整個分析工作具體化。電腦也可能派上用場。對於那些即將要進行焦團體分析的研究者，我們提供一些小祕訣，希望你可以操作得既順心又順手。

Focus Groups

實用指引 (practice hint) 6.1

謄寫焦點團體訪談的逐字稿

如果你想要謄寫焦點團體訪談的逐字稿，我們提供以下建議：

1. *指認出主持人說的話。*

   主持人在團體中任何的陳述都要標明出來。可以用粗體字、斜體字或是畫上底線來標明，注意格式要前後一致。

2. *使用一致的格式。*

   謄寫所有的意見時，不留行距。但對於不同發言者，以行距區隔開來。每一頁都要編號，且在每一頁的頂端標明日期及團體名稱。

3. *不必在意標點符號的標法。*

   人們通常不會說文法完整的句子。你可以在適當的地方加上標點。如果你覺得到句子到某個地方已經完結，你可以在那裡標上句點。另外查看有無寫錯字。如果你擔心可能弄錯某些專有名詞、術語或簡稱，最好和客戶核對一下。有些人對於這些內部資料的錯字較不在意，有些人則要求正確無誤。

4. *不要謄寫出那些表示停頓的虛字，像是「嗯」或是「啊」。*

5. *逐字謄寫或打字。*

   你謄寫的是逐字稿而非會議記錄。所有的對話是一字不漏錄下來的，謄寫時不要改變其中任何文字或是訂正文法。如果有些

話語無法辨識，就以三個點來表示有些字遺漏而未載於逐字稿上。

6. *留意那些特別或不尋常的聲音，這些訊息將有助於分析。*

可運用括號來標示出笑聲、壓低聲音、吼叫或是被打斷。

7. *要有充裕的時間來謄寫。*

就一般的情況而言，謄寫一小時錄音帶大概要花四到八小時。但是實際花用的時間可能因為各種因素，諸如打字的速度、錄音的品質、團體進行的久暫、謄寫者是否熟悉焦點團體以及討論主題的複雜程度，而有所不同。

8. *使用高品質的播放設備。*

謄寫逐字稿應避免使用那些擴音器小且按鍵差的錄音機。可考慮使用耳機。焦點團體訪談一經錄到錄音帶中，總不免有一些背景雜音，加上每個參與者說話的音調和音量皆不同，因此，這些錄音帶必須仔細聆聽，而且要使用最佳的播放設備。如果可以使用放音速度控制以及用腳控制倒帶的設備，就再好不過了。

9. *降低可能分心的事物。*

謄寫逐字稿時，最好是在一個不被打斷、最少干擾的地方進行。

10. *由研究者之外的人士來謄寫逐字稿*

如果是由研究者之外的人士來謄寫逐字稿，在開始謄寫之前，最好先詢問研究者並釐清下述幾個問題：

1. 研究者是否留有錄音帶的備份？
2. 主持人的簡介是否需要謄寫？
3. 在焦點團體之後，主持人對研究小組所做的簡報，是否需要謄寫？
4. 團體中是否有需要特別留意的事件？

5. 對於參與者間彼此交換的非正式音見，雖然錄到錄音帶中，但是內容並不屬於正式團體的一部分，要如何處理這樣的資料？

6. 是否要儘量指認出參與者的姓名？（給謄稿者一份大概的座位表。）

7. 如果錄音出現了一些技術性的問題，謄稿者應如何處置？要求指示?在逐字稿上標出問題所在，繼續謄寫下去?其他應變方法?

8. 如果錄音帶中的聲音突然變得微弱或幾乎聽不到，要怎麼辦？

9. 如果數個人同時發言，要如何處理？

10. 如果客戶想要一份逐字稿，是要給他一份書面資料，一個磁碟片，還是由電子郵件傳送給他？用那一種文書處理的格式 ？

11. 客戶希望我們一次送上所有的逐字稿或是完成多少就給他多少？

與謄稿人訂契約

　　和謄稿人訂契約並非易事。從謄稿人的立場來看，他們通常希望以小時來計酬，因為每個團體錄下來的聲音品質不同，有些錄音帶就是需要更多時間來謄寫；而從研究者的立場來看，如果無法預知謄稿的全部費用，則很難掌控研究預算。謄稿人的速度與工作品質可能因人而異。研究者通常希望以錄音帶的數量來計酬。可以利用第一份逐字稿當做一個測試，來決定謄寫一捲錄音帶的酬勞及檢視內容的正確度。

<u>逐字稿謄寫的未來發展</u>

　　我們的電腦軟體將在語音辨識上有突破性的發展，這樣的軟體將全面改變目前電腦分析工作的內容。藉著語音辨識軟體，你可以直接對著電腦說話，而電腦會即時記錄下你說話的內容。（這是你在30年前的「星艦迷航」（Star Trek）中看到過的場景，片中的Scotty直接走到電腦前去問個問題，而電腦馬上給他一個答覆。）當這些電腦程式可以辨識不同的聲音並正確的指認出發言者的聲音時，前面提到的突破性發展就不再是夢想。目前，這些電腦程式需經過「訓練」才能辨識你的聲音，對於另外一個人所說的話，則只是一堆無法辨識的雜音。這樣的情況將會改變，屆時我們將能享受到即時謄寫的便利與正確性。

Focus Groups

第七章 研究結果的發表

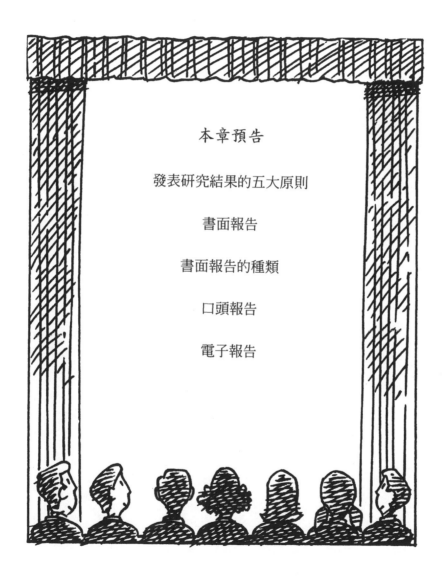

本章預告

發表研究結果的五大原則

書面報告

書面報告的種類

口頭報告

電子報告

壹、發表研究結果的五項原則

　　我們提出成果發表的五項原則。由於稍後我們會以不同方式提到這些原則，先在這裡說明清楚。要言之，本章的其他內容都植基於下述五個原則：

一、知悉重點所在，直接切入重點

　　不管你所要發表的形式是書面報告或口頭報告，正式或非正式，一對一或是對一大群人，一定要知道發表的重點所在，而且要單刀直入。報告中所要呈現的任何內容都要有目的。如果有些內容並無清楚的目的，忍痛割捨掉。

二、要把文章寫的明白曉暢是很耗時的

　　巴斯卡（Pascal）在1657年的一封信中寫道：「這封信比我一般寫的信要長，因為我找不到時間把它修短一些。」要把文章寫得清晰且簡潔有力，需要投注心力與時間。

三、富於啟發性

　　一篇報告的主要目的在於啟發別人，不管其用意是在傳授知識、瞭解情感、或是傳遞訊息。在著手準備一篇報告時，質問自己：「我有那些新奇的、重要的或是有價值的內容可以傳達給我的聽眾／讀者？」優秀的發表人會花時間仔細思考那些內容可以啟發他的聽眾／讀者。

Focus Groups

四、研究全程都有其他人參與

　　在公家或是非營利機構中，整個研究過程均有其他人參與的焦點團體通常有較豐碩的結果。最好能邀請研究成果的使用者來參與整個研究的執行，諸如研究計畫的研擬、團體參與者的招募、團體的主持、資料分析、或甚至焦點團體研究的發表。這種作法的優點是顯而易見的：如果你希望人們實際去運用研究成果，那就該把研究視為是他們的研究而非你個人的研究。

五、運用多種發表的策略

　　研究者通常假設別人也是以同樣的方式來獲取資訊。但事實上每個人有其偏好的學習風格。此外，我們之中有些人可能聽一次就抓到重點，但是不可諱言，大部分的人需要一再的增強與提醒才能瞭解。一個成功的發表需要運用多種方法，比如一對一口頭簡報、書面報告、正式的口頭發表、媒體發表，或是由多人共同發表一篇報告。這些報告也可輔以視聽媒材，如圖表、照片、錄音帶、錄影帶、或是焦點團體參與者所畫的素描。如果一篇報告運用多種媒材，我們比較可以肯定聽眾／讀者抓到我們所要傳達的訊息。運用多種不同方法的組合來呈現研究結果，一來考量到每個人不同的學習風格與偏好，二來強化聽眾/讀者對研究發現的認識。

貳、書面報告(written reports)

若要求人們閱讀枯躁無味而內容又混淆難懂的報告，他們寧可將時間花在其他事情上面。至少我們兩位作者就是如此。我們一直努力嘗試把我們的觀點表達得更清楚易懂。我們從同事那兒學到不少祕訣，我們自己也使用其中很多作法。你們可以放手一試。

一、仔細研究一般讀物的寫作方式

研究那些流通很廣的報紙或雜誌，留意這些文章的行文方式以及為何能吸引讀者繼續讀下去。同時注意到文章中使用的框框、邊線及一些視覺呈現如何幫助作者更清楚的傳達他想要傳達的訊息。仔細思考你在撰寫報告時可以運用哪些策略。

二、真實地衡量自己的能力

你最近曾求助專家來改善你的寫作能力嗎？如果有，那是多久以前的事了？我們建議你去上作文課，找到一群人給你意見也是不錯的作法，另外，也可以考慮找一位寫作家教。如果這些都做不到，你至少可以運用電腦來估算你的寫作程度。

三、找到任何可以幫助你寫作的助力

個人偏好與寫作風格因人而異。有些人因為截止日期逼近而頓覺文思泉湧，有些人則無力招架而徹底崩潰。有些人在一天的特定時侯覺得下筆如有神，有些人則需要在特定的地方寫作。有些人依循大綱寫作，有人則仰賴靈感動筆。只有極少數人可以在任何時間、任何地點、任何情況下寫作。

設定小小的目標可以幫助我們寫得較順利。這些目標會讓我們覺得眼前的任務是可行的。而在完成之後，我們也給自己一點小小的獎勵。例如，「我每天要寫三頁，直到完成整篇論文，每次寫完三頁，我可以從事任何我想做的事。」或是「如果我能持續寫上四小時，我就騎機車出去兜風一下」。我們通常會超越我們所訂的小小目標，因為一旦開始動筆寫作，我們會覺得並沒有想像中的困難。這些小小的目標與獎勵推動我們開始去提筆寫作。面對「今天我要完成三頁」這項工作總比想著「我要完成整篇報告、整篇文章或甚至整本書」要來的輕鬆多了。這些工作令人覺得吃不消，「我可能永遠無法完成，而再也無法出去享受陽光」。然而另一種聲音是「三頁？沒問題。我下午就可以出去透透氣，享受一下溫暖的陽光。」仔細反思有那些方法可以幫助你寫作。如果某種方法宣告無效，試試其他方法。

四、大刀闊斧的反覆修改

第一份草稿絕不可能是最後的定稿。事實上，你要容許第一份草稿像塗鴉。先把它寫出來，再反複修改。高品質的寫作需要有不同來源的回饋網路。最好在一開始就建立起這些網絡，事先排好尋求回饋的時間，以利於找到富建設性的意見。

五、觀點可以酷眩，但是文字必須清楚易懂

有些研究者捨清晰、直截了當的寫法，而喜用複雜難懂的語彙來寫作。文章所要傳遞的觀點、概念及發現不應該被花俏的文字所遮蓋。（這就好比在一場口頭發表中，聽眾被發表者的某個特徵所吸引，而將注意力從發表內容轉移到發表者身上。）在焦點團體中，我們以參與者討論問題所使用的詞彙來陳述問題。在撰寫報告時，也可以考慮這樣做。也就是說，在傳遞研究結果時，使用讀者慣用的語言來撰寫。你的目標在於傳達你的觀點，所以你的報告自然要讓讀者容易瞭解。

六、讓你的報告看起來美美的

不管你贊不贊同這個說法，我們有時的確會以一本書的封面來評價該書的優劣。同樣地，一篇書面報告的外觀及給人的感覺也相當重要。這篇報告看起來是否很專業？看起來是否像是投注很多心力的結晶？它的設計是否能吸引讀者的注意力？是否可以吸引讀者去閱讀其內容？在設計上，可以尋找專業的協助；在寫作上，可以上寫作課來加強寫作能力。如果這些都做不到的話，最好手邊能握有數篇設計極佳、看起來賞心悅目的報告作為範本。

參、書面報告的種類

傳統的焦點團體報告都是以敘事風格來呈現。其他的格式包括備忘錄（report memo）、頭條報告(top-line report) 以及綱要式報告（bulleted report）。我們接下來就一一審視這些格式的主要內涵。

一、 敘事式報告

敘事式報告(narrative report)的兩個特點是它的長度以及直接引述參與者的意見。在一般的情況下，這類的報告長度約在三十至五十頁之間，但是偶而也可能接近一百頁。過長的報告可能面臨的問題是可讀性降低，除了對該主題特別感興趣的客戶之外，一般人可能望之卻步。

二、頭條報告

頭條報告（top-line report）以最經濟的方式傳遞最關鍵的重點。這些簡短的綱要式報告主要是根據實地筆記及主持人的記憶寫成的，且通常是在焦點團體後的一、兩天內就呈給客戶。這種報告又稱為「第一個想法」報告（top-of-mind report），這個名稱其實更能描繪這整個歷程。頭條報告是以特定決策或問題為導向，而焦點團體就是因應這個特定的決策或問題而產生的。頭條報告通常是在很短時間內完成的暫時性或初步報告，其目的在提供研究的即時發現，而這些研究發現會在後來被擴充成一篇敘事式報告（有時也稱為完整報告）。頭條報告的長度不定，但是通常有好幾頁長。

頭條報告有時會和執行摘要（executive summary）搞混，因為兩者都很短。執行摘要是根據敘事式報告的結論部分所撰寫出的摘要，其目的在於凸顯一些關鍵性的重點。相反的，頭條報告並未運用任何敘事式報告分析的結果，而是很快寫就的作品，因為這種報告強調的是研究結果的快速發表。

頭條報告在市場研究中屬於標準的報告形式，因為研究贊助者通常希望立刻得知結果。如果研究者無法在團體結束後即刻提出一份報告，他們將依據對團體的印象來做一些決策（這些贊助者通常會在單面鏡後觀察團體的進行）。在市場研究中，這樣的研究大多是由經驗豐富的主持人來執行，且研究目的有非常清楚的焦點（例如：那一個廣告最有吸引力？），在這種情形下所撰寫的頭條報告自然是直截了當。由於這種報告必須在短時間內寫就，無法做深入的反思或分析，所以對研究新手來說，犯錯的可能性頗高。綜言之，頭條報告是為了提供客戶最快捷的結果這個特定功能而存在的。

三、 綱要式報告

綱要式報告（bulleted report）就像是敘事式報告的大綱，但是為要清楚地傳遞概念，使用的語彙都經仔細挑選。由於綱要式報告不管在撰寫或閱讀上都以速度取勝，這種報告形式愈來受到歡迎。

四、 寄給團體參與者的報告信函(report letter)

　　焦點團體的參與者通常會詢問他們是否可以拿到研究報告或是知悉他們的意見究竟發揮何種效用，如果沒有任何明顯的研究結果，他們很可能會認定主事的機構對於這些議題不聞不問。舉例來說，在某些有色人種的社區或機構內，人們之所以不願意參加焦點團體，是因為他們沒有看到任何過去參與的成果。他們不相信他們的意見會發揮任何作用，因為他們看不到該機構有想要改變的跡象。

　　一般而言，公家單位與非營利機構會很樂意與參與者分享焦點團體的發現。至於如何分享研究發現，我們鼓勵主事的機構依據上述所介紹的報告形式之一寫成一封報告信函，將這封報告信函寄給每一位參與者。這封信函大約一兩頁長，內容主要是告知參與者「我們聽到你的意見，而這是我們依據你的意見所計劃要做的事」。通常這封報告信函是隨著執行摘要或是敘事式報告寄出去的封面信函。這封信函中所載的資訊可以一視同仁的寄給所有的參與者，也可以就不同類型的參與者而強調不同的重點。例如，某封信的內容是要寄給父母的，另一封是要寄給老師的，而另外一封是要寄給學生的，當然這樣做的前提是這些不同對象在團體中提出不同的關注點。

　　我們建議一個很受用的作法，就是在這封信函中提到四個重點。首先感謝參與者花時間參加並分享他們的觀點。第二點是針對主要的研究發現做一簡短的摘要，可能寫成三、四點綱要或是兩、三段文字。第三點是告知你正在努力的方向或是你要如何運用這些主要的發現。如果你因故無法對某個研究發現做回應，要解釋原因。最後，如果情況允許，邀請參與者打電話來分享他們對這封信函的反應，或是要求他們提供更進一步的資訊。同樣地，你可以考慮隨信附上一篇較長的報告，通常是一篇執行摘要或是一篇敘事式報告。

背景
書面報告大綱的一個範例

1. 封面：封面通常包括研究題目、這份報告所要呈遞的對象的名字、研究者的名字、以及交付報告的日期。

2. 摘要：這份簡短且書寫得體的執行摘要，主要是交代進行焦點團體的原因及列出主要的發現與建議。這份摘要通常會限制在兩頁之內，並且可以獨立呈現。雖然這個部分通常被置於書面報告之首，卻通常是最後才寫成的。

3. 內容目次：如果報告很短，這個部分並非必要，不過對於較長的報告，目次的確有助於引領讀者。

4. 研究目的與程序：介紹研究目的，並對研究做一個簡短的描述。請注意到你的讀者群／聽眾群是哪些人。學術界人士可能會要求你對研究程序作詳細的描述，但是大部分讀者的興趣大抵只限於團體的數目、參與者的類型、以及團體舉行的地點。討論的問題並不包括在這個部分，而可能置於附錄之中。對於研究方法或程序的詳細說明有時也可以放在附錄中。

5. 結果或發現：研究結果通常是以關鍵性問題（key questions）、主題（themes）或是較大的觀點(big ideas)來呈現。傳統的作法是依據問題提出的順序來呈現結果。這種作法的缺失在於最先呈現那些最不重要的資訊（較有價值的結果通常在焦點團體的後段才出現）。而且，由於同樣的主題可能出現在數個不同的問題之中，蒐集到的通常是重複多餘的資訊。因此，可以考慮以主題來呈現結果，並且最先呈現那些對讀者最受用的發現。

6. 結論／詮釋：這個部分並非必要的。研究者在這個部分呈現對研究結果的結論或是詮釋。也就是說，研究者試著回答：研究發現有何意義？「詮釋」是一個滑溜的概念。如果參與者在團體中提出詮釋，由於這是出自參與者之口，這些訊息將被視為研究發現。但是，如果研究者提出詮釋，那麼這些資料就屬於這個部分。注意把研究發現和你的詮釋區隔開來。

7. 建言(recommendations)：這個部分並非必要，也通常不會被自動附在焦點團體報告中。這裡主要提供如何運用研究結果的一些建議。這個部分有時會以「建議」(suggestions)、「可以考量的幾個想法」(ideas to consider)或其他較不正式的說法來呈現。

8. 附錄：附錄也非必要。這個部分包括一些可能對讀者有助益的額外資料。例如，你也許可以把提問的路線及篩檢參與者的問卷放在附錄中。額外的引述也可置於此。在一些情況下，研究者可能希望將研究限制及其他的詮釋觀點也放在附錄中。

肆、口頭報告(oral reports)

　　對某些人來說，做口頭報告是一個恐怖的經驗。一想到口頭報告，各種恐懼就一湧而上，恐懼一上台就說不出話來，恐懼面對心懷敵意的聽眾以及恐懼聽眾提出無法解答的問題。在這裡我們提出幾個準備口頭報告的祕訣。擅長口頭報告的專家通常會運用這些祕訣，而我們也的確藉由觀察這些專家的報告而學習到這些很受用的祕訣。

一、預留時間給聽眾發問

　　在準備口頭簡報或口頭發表之前，要先弄清楚你有多少時間報告，這個報告將在哪裡舉行，以及聽眾是哪些人。聆聽口頭報告的聽眾通常想針對研究發現做一些討論、對結果作回應或是提出問題。一位成功的口頭發表人通常只用三分之一到一半的時間來發表，而利用剩餘的時間作後續討論。因此，一個十五分鐘的口頭報告，發表可能只佔五分鐘，而剩下的十分鐘則用來回應問答、釐清觀點、及討論未來的行動。

二、最先引用最重要的發現

　　在進行口頭報告時，最初的幾分鐘是很關鍵的，發表人必須在很短的時間內就清楚交代一些重點，以利稍後研究發現的呈現。首先要很慎重的介紹整個研究架構，並說明該研究對聽眾的重要性。口頭發表必須聚焦在幾個重點上，首先引用最重要的發現，然後再引用其他較不重要的發現。在最初的幾分鐘內，發表人必須強調幾個關鍵點，比如，這個研究為什麼非做不可？這個研究的發現是否解答了我們先前的疑惑？我們可以如何運用這些研究發現？換言之，一個成功的口頭發表就是要讓聽眾很快的投入，把他們和研究連結

起來，而且要對研究的價值與重要性解釋得很清楚。

　　溝通專家曾建議進行口頭發表時，把最重要的觀點留到最後才呈現，也就是從較不重要的觀點逐步推到較重要的觀點。然而，對於評鑑報告或是研究報告來說，因為聽眾通常有時間的限制，加上耐性不夠，且經常有發表被中斷的情形發生，這種呈現方式可能行不通。在這種情況下，簡明扼要是上策。所以，將最重要的發現排在你要報告事項中的第一條。

　　另外，書面報告所使用的大綱並不適合直接拿來做為口頭報告的大綱。研究者一般會認為一篇報告就是一篇報告，不管是書面或是口頭的，資訊呈現的順序應該要一致。然而我們認為口頭報告不同於書面報告，需要不一樣的想法及準備。

三、 小心提防聽眾的「呵欠症候群」

　　在準備口頭報告時，發表人要考量到可能會發生的「呵欠症候群」（Ho-Hum Syndrome）。這裡所指的「呵欠」，我們可以從徘徊在聽眾腦海中的問題找到最佳註解：「我們真的需要這個研究嗎？」「關於這個問題我們不是早就知道了嗎？」「我們竟然付錢請人研究這個問題？」或是「你不覺得這些人應該做一些更重要的事情而非從事這樣的研究？」對我們而言，研究發現可能非常重要且具有長遠的啟發性，但是對一位忙碌的決策者而言，這些研究結果可能有點吹毛求疵或是避重就輕。通常最好的方法就是開宗明義地說明：「這個研究很重要，因為…」。或是告訴聽眾其他可能的假設為何，說明目前我們已掌握整個行動的進程，因而可以節省下原本可能要花費的時間及資源。

四、 發表的重點不必多

　　試著將發表的重點限制在七點以下。認知心理學的研究顯示，大部分人的短期記憶只能容納五到七個項目。在發表時，我們建議你不要用完整的語句，最好是運用簡短而活潑的片語來描述你的重點。這些簡短的片語有兩個目的：傳遞重要的概念及容易記憶。

五、　運用視覺媒材及引述

　　適當運用視覺媒材可以很有效的彰顯出你所要發表的重點。不管是重點或是引述，如果是以視覺媒材來呈現，總是令人印象深刻。如果你在團體中運用到繪畫這個技巧，當然可以呈現這些畫作。此外，運用一些挑選出的引述或是播放團體成員提出意見的實況錄音，也有很不錯的效果，但是使用這些資訊要適可而止。（聽眾應該無法辨認出錄音帶中說者的身分，因為你在團體中允諾要保密。因此，這樣的呈現方式不適用於工作場合中，因為同事之間彼此很熟悉。）而提到視覺媒材，研究者可自眾多不同科技層級的媒材中選擇合適者。其中最基本的一種媒材是簡報圖表，可用壁報板或寶麗龍板張貼所要發表的重點，而且這些圖表也可以A 4紙複印成講義，分發給在場的聽眾。另外，可以評估一下運用發表用的電腦軟體(如 power point)的可能性。有時候只需一點點技巧就可以達到專業的水準。

六、　告訴聽眾你希望他們做什麼

　　有時候聽眾可能不清楚口頭發表的目的何在。我們曾親眼看過下面的情景：當發表人做完報告時，團體成員面面相覷，氣氛頗尷尬，而這令人不太舒服的靜默在持續一下子之後，那些被遴選出的代表通常就會作出某些動作。有人可能提議要認可或是接受這份報告。這個動作完成之後，他們才進到真正重要的事項。在這些情況下，聽眾從未被告知為什麼要聽取這樣的一場簡報。因此，在報告的開頭或結尾，報告人應該要指出發表這篇報告的原由以及根據研究發現所建議的行動，例如成立一個研究委員會、日後繼續討論、尋求贊助來實際執行研究發現、通過新的行動方案等等。研究者不能假設聽眾都了解該報告的目的或用途，這樣的假設有其危險性。

七、 選對發表人

有些人天生就是撰寫書面報告的長才，而有些人則擅長口頭發表。選擇發表人的標準應該是根據其能力及公信力，而非著眼於他在焦點團體研究中所扮演的角色。有些人對發表研究發現的確是高手，仔細考量這些人選。然而，另一個考量的重點是發表人的公信力。有時候，一位志工或是一位組織外的人士更具公信力。（當然，研究案的主持人可能會說他們需要更多經費來提供特別的教育訓練。去籌措這些經費是她的工作！）換句話說，最好是由兼具技巧及公信力的人來發表研究結果。

當然，發表人必須對研究歷程及研究發現十分熟悉。他不僅要練習口頭發表，還要有充分的時間準備及聽取同僚的回饋意見。倉促準備下的報告通常會有結構不佳、論點模糊、錯別字或其他會降低使用者接受度的問題。

伍、電子報告

電子報告（electronic reports）是一個趨勢，且這個不斷翻新的流行趨勢將影響所有的研究領域。新資源、新工具以及新軟體更新的速度之快，我們根本很難跟上改變的腳步。網際網路、高容量儲存裝置、語音辨識軟體以及數位式錄音工具都對資訊的呈現及接收方式有深廣的影響。

藉助網際網路，大量的資訊可以即時被傳送到世界各個角落；各種網站一經架設好，標的使用者就可上網瀏覽或是列印出報告的內容。

　　藉助高容量磁片及可寫入的 CD(writable CD)，研究者以很少的花費就可以在文本中加入圖片、影像及聲音。新進的轉錄工具則可讓研究者以數位的方式來捕捉影音資料，轉錄的品質遠超過類比式錄音／影設備的品質。而且，藉助新的軟體，研究者可以輕而易舉的找到某個引述的出處、修改報告內容或是發表焦點團體訪談的結果。

　　以下列出電子報告的一些可能作法：

- 一分報告可以包括：
  人物、產品、地方等等的數位式照片
  團體參與者針對主題提供意見時的錄像片段
  團體參與者的錄音片段
  格式非常吸引人的文本
  （上面提到的這些選擇，有些可能要注意到保密的議題）
- 報告可以儲存於可寫入CD中，並可提供給特定人士
- 報告可以貼到特定的網站上，提供給任何可以進到該網站的人士
- 報告可以運用手提電腦及單槍投影機或是大銀幕，於大型或小型的會議中發表。

　　這些技術要謹慎的使用。不要因為這些技術是現成可用的就拿來用。如果你的聽眾根本就不用電腦，那麼CD和網站對他們可能毫無意義。當你抉擇是否要使用或是在什麼情況下使用這些科技產物時，同時要考量到運用這些技術必須要配合的資源，像是個人能力、軟硬體設備及工作人員的時間。發表時經常會出現的一個危險─即是技術（花招）凌駕於所要傳遞的訊息之上，觀眾被各種視覺效果所吸引，反而忽視了報告的內容。科技是很誘人的，別讓你要傳遞的訊息迷失在科技叢林中。

Focus Groups

本章摘要

很多人是以報告來評價一個焦點團體研究的品質,因此要投注必要的時間心力來創造出最高品質的報告。在本章中,我們提出五個我們自己覺得很受用的成果發表原則,這些原則在研究的發表階段還可作為極佳的檢核表。焦點團體的研究者必須抉擇要以何種形式來發表:書面報告、口頭報告、或是電子報告。如果情況許可,盡量合併使用不同的方法。

第八章 焦點團體研究的取向

本章預告

市場研究取向

學術研究取向

公眾/非營利取向

參與取向

在過去六十年中，焦點團體研究一直在演化之中，所以我們現在有幾個不同的取向－市場研究取向、學術取向、公眾／非營利取向及參與取向。熟悉這些取向將有助於我們了解焦點團體研究的相關文獻，有助於訂定焦點團體相關研究的契約，當然也有助於我們了解不同取向的實際操作程序。如果你對目前現存的這許多不同取向毫無所悉，可能會對不同焦點團體間的差異感到迷惑不解。我們接下來就來比較這些取向的異同。

壹、市場研究取向
(market research approach)

過去半個世紀以來，市場研究者持續的運用並改進焦點團體研究。市場研究者所追求的無非是可行性(practicality)、實用性(usefulness)、快速轉虧為盈(fast turnaround)以及經濟利益(economic benefit)。學術界對於研究是否夾雜未加控制的因素(contamination)以及對於研究分析的關注，從來就不是市場研究者關心的重點，他們的研究很清楚的是由經濟考量所驅動。他們關注的是：這些資訊是否有助於我們生產更好的產品？這些到手的資訊是否對我們的企業有助益？

我們現在就來檢視以營利為目的的市場研究焦點團體的幾個傳統。

市場研究者已經將焦點團體訪談的實施建立出一套類似企業經營的制度，備有全套焦點團體實施所需的設備，例如設有單面鏡的團體室，招募參與者的特定程序，決定團體大小的指導原則，用來作為激勵的現金，以及專業的團體主持人。

對於這些商業性質的市場研究焦點團體，設有單面鏡的焦點團體室已經成為標準配備。曾有一陣子，有些公司備有自己的團體室，

但是當他們想聽聽另外一個地區消費者的意見時，這些團體室就無法派上用場。為了因應這樣的情況，焦點團體所需的各種設施很快的在全國各大城市建立起來。這些設施通常提供多間裝有單面鏡的焦點團體室，錄音與錄影的裝置，專業的招募及篩選服務來協助找到適當的參與者，供客戶使用的會議室，以及為客戶及焦點團體參與者提供餐飲外送的服務。

在單面鏡另一邊的觀察室可供研究贊助者及其他相關人士（廣告小組成員、行銷人員、工程師、產品開發人員等等）觀察消費者對產品所持的意見。對於這些行政人員而言，這種第一手的觀察學習極富教育意義，因為這些人通常不熟悉一般消費大眾的心態及想法。藉由直接觀察團體，研究贊助者可透過消費者的眼睛來看產品。對於那些具備巧思創意的產品設計者來說，藉由觀察團體，他們在開發新的產品與服務項目時，可以激發出較新奇的點子。

大部分的市場研究焦點團體一直是以居住於郊區及市區的中產階級白人為主體而進行的研究。因為這種研究的目的通常是想了解如何提升某種產品或服務的銷售業績，研究所邀集的對象當然就指向那些高收入人士。最近幾年，市場行銷的決策者已開始注意到種族與年齡的多樣性，因為這些不同種族、年齡的族群可能是某種產品或服務的主要消費者，找到這些不同背景的消費者來參與焦點團體自然是勢在必行。

參與者的的招募工作是一個很大的工程。負責招募的人員要先打電話給可能參加的人士，經過篩選之後，邀請最後出線的參與者來參加團體。為了鼓勵參與者出席，通常會提供金錢作為誘因。愈難邀訪的對象，出席的酬金就愈高。有些市場研究者對於參與者參加團體的頻率、次數很關切。的確，有些參與者很喜歡這種既可以聊聊自己的看法，可以聽聽別人意見，又可以賺錢的機會，因而會想辦法參加這樣的團體。這群人已被戲稱為「焦點團體痞」。市場研究者擔心這些反覆參加的參與者會改變或影響研究結果。為了防杜這種情形，他們成立了全國性的篩選服務，藉助這種服務，研究者可以發現到可能邀請的對象之中是否有人在過去幾個月內已參加過焦點團體。這是市場研究焦點團體特有的考量重點。

團體的人數通常設在十到十二人，而這是根據團體主持人的實

務經驗而得出的數目。團體主持人發現到團體中通常有一部分的成員（有時高達百分之三十）不太願意發表意見，如果你邀請十二個人來參加，你就有足夠的成員來提供訊息了。此外，團體主持人發現到，如果團體人數超過十二人，團體就變得較難掌控，成員之間常會形成小圈圈的對話，因而無法激發出和人數相當的觀點與洞見。有些研究者甚至招募十五人，而只擇取其中的十到十二人來參加團體。未實際參加團體的這幾位可以拿到出席費，不過很快就被打發走了。

　　大企業通常雇用專業的焦點團體主持人來實際執行他們的研究。這些專業主持人已組織成一個全國性的網絡。若要成為市場研究的主持人，你必須去上一些相關的課程，而且要像學徒一樣跟在大師級的主持人旁邊學習。有些公司甚至要求新手在實際主持一個團體之前要先花幾年的時間從旁觀察、協助。藉由這樣的安排，這些初學者可以獲得實際的經驗及訓練。（對於商業性的焦點團體而言，這是唯一運用助理研究者的時機，因為這會增加額外的費用。這些助理研究者坐在單面鏡的後面作筆記，他們可能也會負責撰寫報告的第一份草稿。）

　　在市場研究中，快速取得研究結果是很重要的。專業的市場研究人員有時抱怨客戶在焦點團體結束的幾天內就要看到成果報告，致使他們沒有時間根據逐字稿做進一步分析。通常這種報告被視為企業的財產，屬於內部資料，故很少對外公開。

 背景

　　如果你對市場研究取向的焦點團體想進一步涉獵的話，可以參閱下述兩本著作：

Goldman, A. E. & McDonald, S. S. (1987). The group depth interview. Englewood Cliffs, NJ: Prentice Hall.
Greenbaum, T. L. (1998). The handbook for focus group research. Thousand Oaks, CA: Sage.

Focus Groups

貳、學術研究取向
（academic research approach）

　　雖然焦點訪談法是由學術界所提出，但是這個方法在開始時並未受到學術界的青睞。學界人士基於訪談分析的困難以及談訪過程夾雜太多不可掌控的因素，有好一段時間，他們對於這個方法持保留的態度。學界人士的擔心是可以理解的，因為在焦點團體訪談中，參與者彼此交談，交換心得意見，而且同一個人可能前後表達不同或甚至完全相反的觀點。也就是說，他們的意見可能前後不太一致，而這種現象在個別訪談中從未出現過。團體討論中會出現這種情形，可見這是一個值得關注的議題。人們會彼此影響嗎？這就是一種未加掌控的因素（contamination）嗎？性格較強悍的人是否會主導其他人？這整個團體歷程顯得難以掌控且複雜難懂，對於學界人士而言，根本無從分離出各種可能的影響因素。

　　然而，焦點團體在市場研究環境中所創造出的佳蹟很難不引人側目。在八○年代初期，學術界開始去重新審視焦點團體研究的可行性。有些學者懷疑焦點團體所獲得的資料是否和個別訪談或是調查所獲得的資料有出入。的確有此可能。舉個例子來說明。在一個有關中西部農民的需求評估研究中，我們發現到調查法無法提供有用的資料。之後，我們在焦點團體中發現到我們並沒有問對問題。我們的想法是，農民如果在需求評估的調查表上表示對某些課程的需求，就應該會去上課。但是在焦點團體中，這些農民告訴我們「我有這個需要；但是這並不代表我就會去上課」。顯然，正確的問法應該是「怎樣你才會去上課」？他們表示在下列的情況下，他們比較可能去上課：

- 上課的經驗會讓人覺得生動有趣，
- 有機會和其他農友碰面，
- 課程要顯得很受用，而且教授的人必須有實務經驗，

Focus Groups

- 如果由一些他們信任的人（像是他們的獸醫、銀行職員或是另一位農友）告訴他們本人這課程有多好，他們會較有意願去上課。

以上這些發現都很有道理，而我們覺得奇怪為何沒有及早想到這些議題。我們似乎陷在一種想法裡面：他們是否去上課主要是受他們對該課程的需求所影響。

當學術界開始從事焦點團體研究時，他們憑藉的是對個別訪談以及內容分析所累積的豐富經驗。而這些經驗賦予學界人士許多截然不同於市場研究者所提出的策略與作法。

開放性（openness）是最重要的考量。在過去，由於市場研究者撰寫出的內部報告屬保密性質，加上為避免落入競爭對手中，通常只有極少數人可以看到。但在學術界，保密性向來就不是一個傳統。事實上，學界所持的傳統恰恰相反。學界的立場是：「除非我的同僚對我招募成員、主持團體、以及分析資料的整個過程有清楚的瞭解，否則他們要如何適切地批判我的研究」？學術界所用的任何方法都必須對外公開。因為在這個領域中，個人的升遷受同儕評審及有審核制度的期刊等因素所影響，而這些因素都要求研究者要清楚交代整個研究歷程。

學界對嚴謹度（rigor）的要求自不在話下。整個分析歷程不再是個祕密，當然也就不是在只有少數幾個人可以接觸的封閉環境中

完成的。研究結果可以公開給大眾，同時邀請其他研究者來檢視整個分析的程序並提出意見。整個分析工作必須是合理、有系統而且可以驗證。一些早期的市場研究分析是團體主持人根據其記憶及幾個實地筆記在腦海中完成的，這種作法在學術界根本行不通。在學術界，研究者必須蒐集多種不同形式的資料，像是實地筆記與錄影帶。逐字稿是分析的主要資料之一。而研究者更使用電腦軟體來協助資料的編碼、分類及研究發現的詮釋。

對於學術取向的研究而言，「時間性」也有截然不同的意涵。相較於市場研究者，學術界依循一個非常不同的時間表。高品質的學術研究很費時，通常需要數個月甚至幾年才能完成。相對而言，市場研究者則需要在幾天甚至幾小時之內就得出研究結果。

學術界人士藉由閱讀、上相關的課程以及實際做研究來學習焦點團體研究。對於研究生而言，由於教授們通常忙得分身乏術而無暇提供個別的指導（除非這位學生幸運地遇到好老師），他們能獲得的訓練頗有限。研究生通常協助或是執行一部分的研究。有時候，學術研究的目的不只是提供可靠的研究結果，同時也希望提昇這些研究生的研究能力。基於這個考量，有時教授為要增加研究生的學習機會，而在原先的研究設計上增添一些額外的事項，舉例來說，研究生有時會被要求去謄寫焦點團體的逐字稿。這可不是一件你經常會要求研究生做的事！一位專業打字員謄寫的速度可能更快，不過，如此一來，研究生可能就欠缺對資料的熟悉度，而這分熟悉度對於事後進行資料分析是很關鍵的。

研究的地點也不一樣。學術界人士會主動去接近標的聽眾。那些特別為焦點團體設置的團體室通常都不對頭，不是太具威脅性就是費用太昂費。因此，學術界人士轉而運用不同的地點，諸如住家、公共會議廳或是餐館。

團體邀請的對象也不一樣。一般而言，學術界較不關心消費產品，而比較關心一些公共議題，諸如公共衛生、教育、環境、以及公共政策等議題。由於對這些公共議題的關注，團體邀請的對象涵蓋各種不同型態的人士，包括低收入者、有色人種、英語表達有困難者、青少年、及外國人士。

學術界也開始提供誘因來鼓勵參與。雖然在醫學研究上，金錢

一直被用作鼓勵參與的誘因，但是這在其他研究領域並不普遍。關於這點，研究者有必要發展出一些提供誘因的方法。

背景

　　如果你對學術研究取向的焦點團體想進一步涉獵的話，可以參閱下述兩本著作：

Morgan, D. L. (1997). Focus groups as qualitative research. Thousand Oaks, CA: Sage.

Vaughn, S., Schummn, J. S., & Sinagub, J. (1996). Focus group interviews in education and psychology. Thousand Oaks, CA: Sage.

參、公眾／非營利取向
（public/nonprofit approach）

　　就在學術界開始運用焦點團體的同時，另一個團體也開始對這個研究法感興趣。公眾／非營利取向於焉產生。對於學術取向而言，其目的不外乎發展理論或是對某一研究領域有貢獻，而公眾／非營利取向的目的通常有時效性且具實用性。

　　這個研究取向的驅動力源自於有些人關注他們的表現如何，他們要如何改進、如何吸引更多成員或是如何留住原有的成員；有些人想知道如何改善他們居住的社區；另外有些人則想知道如何設計出一個大家會實際去運用的政策或課程。這些研究有時被稱為需求

評估(needs assessments)、形成性評量(formative evaluations)、歷程評鑑(process evaluations)、氛圍研究(climate studies)或是消費者滿意度研究（customer satisfaction studies）。這些研究之目的不在發展理論，而在做決定、改善服務品質以及回應消費者的意見。這些團體和市場研究焦點團體有某些相似性，只不過關注的產品不一樣。

　　宗教團體也開始去詢問信眾的需求。他們提出許多有趣的問題，諸如「作禮拜是什麼意思」？「宗教團體可以如何豐富你的生命意義」？「教會可以如何協助你」？「如何才能讓你去參加宗教活動」？從某些層面看來，這樣的作法可謂是一個大轉變，因為大部分宗教團體的一貫作法是直接告訴信眾這些問題的答案，而非傾聽他們的看法及意見。

　　公共衛生的專業人員是最早採用焦點團體訪談的團體之一。那些從事預防宣導或是新興的社會行銷領域的人士，他們一眼就看出焦點團體的潛力。他們從消費行銷領域借用了許多策略，並在調整之後運用於新的產品、新的服務項目以及新的服務對象。在開拓新的服務對象上，就屬公共衛生專業人士最為積極。學術界雖然稍有斬獲，但是這些公共衛生專業人員更進一步深入到社區鄰里、學校、衛生所以及季節性工人聚集地，去聽聽這些人怎麼說。而趨動這群人願意參與的動力是他們的需求。這些低收入戶、生活困苦者、年輕族群及其他社會邊緣人口的聲音，在新方案設計時會納入考量。公共衛生專業人員在擬定各項方案之前，例如鼓吹母乳哺育及預防接種、或是防治煙害、青少女懷孕及暴力，會先廣泛聽取各方的意見。

　　教育及服務機構開始運用焦點團體來獲知顧客或是潛在顧客的需求。一般成人希望以什麼方式來學習？有那些重要的主題？機構該運用那些管道來推廣其服務或產品？

　　政府單位也開始運用焦點團體。這些單位的研究可能是有關員工的滿意度，例如郵政單位可能關注到員工的士氣而著手相關的研究，而另一個政府單位可能想獲悉顧客的滿意度。在其他的情況下，比如要發展一般社會大眾可以理解且認為合理的政策、法規及指導原則時，焦點團體也很受用。對於一個不合理或是模稜兩可的法

令，我們所要付出的成本是很驚人的。而焦點團體可以針對各種法令的可行性提供意見。

　　有些機構的興趣在於規劃設計新的服務項目，並且想進一步瞭解相關的民眾如何看待這個議題。另一種情況是他們想先測試一下民眾對某項規劃的看法。例如他們會問：「對於這個想法，你喜歡那一點？」「你不喜歡那一點？」「如何才能讓這個想法付諸實現？」

　　這些公眾／非營利的團體在許多層面上都不同於市場研究及學術性焦點團體。首先，相較於傳統的市場研究焦點團體，這些團體的規模較小，通常只有六到八位參與者，而非十到十二人。由於團體較小，每一位參與者有更多的機會來發表意見，而交談的內容也較有深度。而且，對於客廳或是餐桌這樣的聚會地點而言，六到八人顯然比十二人要合適多了。

　　再者，團體主持人也不一樣。團體主持人既非專業的主持人也不是學術界人士，而是機構內熟悉評量、團體歷程及訪談等等技巧的人士。有時團體主持人是社區中頗受信任及敬重的義工。在一般情形下，主持這種團體最關鍵的技巧是建立一個信任的環境。對於一些敏感的主題，例如「我對績效獎金或機構內工作士氣的看法」，或是「我如何處理一些個人健康的問題」等等議題，如果主持人讓參與者覺得他和大夥兒很像，覺得他可以信任，那麼參與者在團體中會覺得比較自在。

　　團體進行的地點通常選在社區內。對於這些討論的主題，單面鏡是派不上用場的。這些焦點團體並不像開放參觀的運動項目。相反的，在這樣的團體中，成員之間在彼此信任且沒有洩密之虞的情況下分享經驗與觀點。

　　資料分析所需的時間不一定，可能像市場研究取向的快速，也可能像學術取向一般的耗費時日，端視聽眾及研究目的而定。這些團體通常只想弄清楚五到七個最需要投注心力的事項。而要達到這個目的通常不需運用特別設計的電腦軟體來詳細分析。然而，因為那些要運用團體資料來做決策的人沒有機會看到整個團體進行的過程(沒有單面鏡)，他們會要求一份書面報告，而這份報告必須提供足夠的證據來支持研究發現的可靠性。

這些團體的結果通常是公開的，研究者會告知參與者與整個社區研究的結果及接下來要採取的行動步驟。在這裡，要特別留意到每個參與者個人資料的保密，至於研究發現則可以自由公開。

 背景

如果你對公眾/非營利取向的焦點團體想進一步涉獵的話，可以參閱下述兩本著作：

Debus, M. (1990). Handbook for excellence in focus group research. Washington, DC: Academy for Educational Development.

Morgan, D. L. & Krueger, R. A. (Eds.).(1998). The focus group kit. Thousand Oaks, CA: Sage.

 肆、參與取向(participatory approach)

在九○年代初期，焦點團體研究的另一個取向開始形成，那就是找來非研究者投入研究歷程。之前，大家都認為只有研究者可以從事研究工作，研究必須以某一種特定的方法來操作，而且需要特別的訓練與經驗才能勝任。

這個演化的過程並不太明朗，許多早期的參與取向研究主要肇因於資源匱乏，特別是財源短缺。資訊短缺加上預算有限，許多富

創意的研究者於是開始遊說義工來提供協助。這些義工提供時間及專才，因而節省下不少寶貴的資源。他們不僅獲取有用的資料，而且團體歷程也提供了一些出乎意料的助益。這些義工被改變了！團體歷程以一些我們原先沒有預想到的方式在影響這些義工。他們對討論的主題有更深入的見解，對研究更加投入，而且鍥而不捨的想知道他們提出的建議是否實際執行。對許多研究者而言，這是一個令人驚喜的發現。許多年來，計劃評鑑者和其他研究者關注的一個重點是如何讓民眾運用研究與評鑑的結果，而現在這個問題的答案似乎呼之欲出。如果你希望他們運用這個研究的結果，那麼就請他們投入這個研究歷程之中。當然，這分投入不能只停留在表面上的平等對待，而必須是研究者與所有參與者之間真實且真誠的權力共享。這些義工不只是工作人員，他們同時是工作伙伴及協同研究者。而這意味著研究者需要相當的訓練及處理很多居中協調的工作，還要學習放掉一些掌控的權力。

　　這種參與取向也有其限制。一致性及協調配合是兩個主要的議題。小組成員有時會改變一些問題的內涵或是略過某些問題，對某些問題的提問方式有時也會因團體不同而有出入。如何讓小組的所有成員同心齊力是一大挑戰。訓練是很關鍵的因素，特別是那些可以讓義工們訓練他們的技巧的實作經驗。另外，如何做決策有時也會是一個議題。面對一群要求參與決策過程（包括研究設計與執行的決策）的社區民眾，研究者要如何進行研究？有些研究者可能認為這是一個很挫折而且壓力很大的經驗，而有些研究者則對這種機會趨之若鶩。

 背景

　　如果你對參與取向的焦點團體想進一步涉獵的話，可以參閱下述這本著作：
Krueger, R. A. & King, J. A. (1998).
Involving community members in focus
groups. Thousand Oaks, CA: Sage.

　　表8.1特別對照這四種焦點團體取向的異同。

表8.1 四種焦點團體研究取向的特徵

特　徵	市場研究取向	學術取向	非營利/公眾取向	參考取向
在那裡最受青睞？	營利事業、企業界	大學、政府單位、基金會	政府部門、社區團體、基金會	社區團體、學校、基金會、地方政府
團體大小	10-12人	6-8人	6-8人	6-8人
參與者是否彼此熟識？	否。最好彼此不認識	無所謂。可能彼此認識，但不是上司下屬的關係	無所謂。只要不是上司下屬的關係，彼此認識有時對團體有利	通常彼此認識，而這對團體有利
主持人何許人？	專業主持人	教授、研究生或勝任的職員	可勝任的員工或受過特別訓練的不定期義工	社區內的義工
舉行地點	設有單面鏡及高級錄音設備的特別房間	公眾聚會場所、教室、私人住家、或是有單面鏡設備的特別房間	社區內的圖書館或學校等公共設施	社區內的公共設施或私人住家

特　徵	市場研究取向	學術取向	非營利／公眾取向	參考取向
資料如何蒐集？	單面鏡後面的觀察員、錄音及錄影	實地筆記及錄音及錄影，有時也利用錄影	實地筆記、錄音	實地筆記、錄音
結果如何分析？	不一定，但通常是主持人在第一時間內提供的第一印象。有時候也運用逐字稿	通常是經嚴謹程序所得之逐字稿	通常是簡略的訪談稿及實地筆記	結束時的口頭摘要、討論記錄、實地筆記、直接聽錄音帶
誰可以取得報告？	只有研究贊助者。報告被視為專利或財產	學術界人士或是官員。結果發表於學術期刊	報告被運用於機構之內，也會被送回到社區，分享給參與者	儘可能與社區分享結果
完成研究所需時間	很短的時間。通常幾個星期就可完成。	很長的時間。通常需要6個月或更久	不一定。通常需要數個月	很長的時間。通常要6個月或更久

本章摘要

在本章中我們介紹了四種不同取向的焦點團體研究。其中，市場研究取向可能是流傳最廣也是大家最熟悉的方法。事實上，由於具備專業的團體主持人、特別的焦點團體設施、以及各種協助招募成員、篩選成員、錄音／錄影設備、謄寫逐字稿與資料分析的額外服務，市場研究已然成為一個穩固且具規模的企業。當人們一提到焦點團體時，通常他們想到的是市場研究焦點團體。這種團體有別於其他團體的特徵：通常有十到十二名參與者在設有單面鏡的特別房間內進行團體。

然而，其他不同的取向也漸漸嶄露頭角，且各有獨特的貢獻。學術研究取向結合了開放性、嚴謹度及同儕審核制度。公眾／非營利取向則借用了學術研究傳統中兩個重要的元素－謹慎的資料分析與開放性，但是有別於學術研究的主旨在於發展理論，公眾／非營利取向傾向以決策為導向。最後的參與取向，其引人之處大抵是因為著眼於發展社區的向心力以及公共利益。

我們提出這樣的分類方式，主要是要讓讀者了解到並非所有的焦點團體研究都運用相同的取向。當然，這四種類別／取向並非互斥的。舉例來說，我們曾參與由學術界和公家單位合作的研究案，研究小組的成員希望將研究結果發表於學術期刊上，同時也希望根據研究發現來做一些實際可行的決策。另外，公家單位也經常邀集社區內的各種團體來投入參與式焦點團體。

我們預估在未來的十年內，反映出其他不同需求的取向會逐漸浮現出來。然而，即使這些取向或有些許出入，它們均保有屬於焦點團體研究特有的特性，也就是運用事先擬好的問題來引發討論，由一個熟練的主持人來帶領團體的進行，團體的氣氛是隨性自在而不具威脅性的，而這些特性均為了要激發出參與者深入的觀點與見解。

第九章 調整焦點團體以順應不同的對象與環境

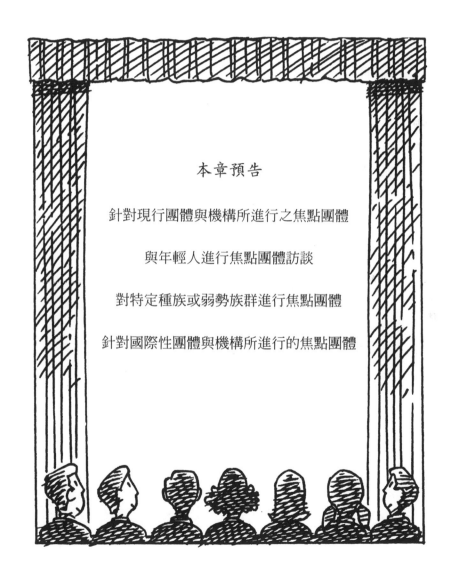

本章預告

針對現行團體與機構所進行之焦點團體

與年輕人進行焦點團體訪談

對特定種族或弱勢族群進行焦點團體

針對國際性團體與機構所進行的焦點團體

　　我們對焦點團體的瞭解，大抵來自以美國中產階級的白種成人消費者為對象所做的研究。但是，只要研究者留意到焦點團體的一些限制，這個研究程序其實適用於各種不同的種族、社經階級、年齡層、或是教育程度。跨國研究者曾到哥斯大黎加、摩洛哥、泰國、印度、以及其他國家做過焦點團體研究，而且都有頗不錯的成果。另外有些研究者則曾以那些通常不會被徵詢意見或是他們的聲音很少被聽到的弱勢團體，如季節性的臨時工人、市中心區的窮人、青少年、精神病患、有發展性障礙者或是美國印地安人為對象來進行焦點團體，也都有不錯的成效。

　　在進行這些團體時，研究者必須面對一個隱藏的挑戰，那就是他們可能不經意的詢問了一些不相關的問題，這些問題可能反映出研究者個人的經驗或觀點，但是對於團體參與者而言，這些問題可能顯得不適當、毫不相干或甚至不切實際。這種情形最可能在一些公家單位或是非營利機構中發生，因為這些地方通常會進行跨文化研究。

　　我們觀察到人們對於「掌控感」（control）有非常不同的覺知。有些人覺得他們可以掌控自己生存的環境，也認為其他人應該做一些必要的改變。另外有些人則覺得掌控權操縱於他人手中，他們自身並無掌控權，或是認為人們不應該嘗試改變既定的命運而應該逆來順受。如果你想檢視某個公共設施或是了解某個公共決策的施行成效，每個團體基於不同的哲學觀／世界觀，可能提出非常不同的見解。事實上，我們甚至認為有些參與者可能連我們提出的問題都不了解，因為這些問題和他們的世界觀可能南轅北轍。因此，對於提出的問題必須仔細的思考過，同時研究的進行方式必須注意到環境的特殊性。

　　有四種特定的對象值得我們多留意。第一種是針對機構內部人員進行的焦點團體。第二種是針對年輕人進行的焦點團體。第三是以同一種族人士所進行的焦點團體。第四種是由跨國機構所贊助的團體。

壹、針對現行團體與機構所進行 之焦點團體

　　雖然焦點團體應用的層面很廣,但在某些情況下,則需特別謹慎。其中一個需要格外謹慎的應用領域是在現存的團體內進行焦點團體,特別是針對某一機構內的員工所進行的團體。在這些環境中,參與者不僅彼此熟悉,而且他們對同事的價值觀、習慣及興趣瞭若指掌。在這些現存的工作團體內進行焦點團體可能要面臨多重的挑戰。第一重挑戰是必須創造出一種可以讓員工願意公開表達他們的憂慮及建議的環境,因為機構內原有的氣氛(climate)可能限制公開的交流,不鼓勵或甚至處罰不同的觀點。同時要注意的是,對某一個團體而言,成員之間彼此熟悉可能有助於意見交流,但是對另一個團體而言,成員彼此熟悉卻可能反而抑制了他們之間的交流。

　　雖然有上述的這些難題,焦點團體仍能有效的運用於現存機構或是工作團體中。

　　研究者所面臨的最大難題是如何選擇團體參與者。若要針對同是內部團體的成員來進行焦點團體研究,方便樣本(也就是選取那些很容易就招募到的對象)其實是很危險的。同理,若是依賴一位內部人士以其記憶、過去經驗或其他標準來選擇參與者,也是很危險的作法。記憶常會出錯,且個人的偏見很可能左右了抉擇的考量。研究者應該發展出一個取樣計畫,清楚的列出焦點團體參與者的篩選標準,並且確實的遵循這些標準。我們建議將符合篩選標準的人員全部建檔,然後再以隨機的方法自所有的名單中抽出參與者。通常研究者並不熟悉該機構,因而對於如何取樣,必須仰賴局內人提出建議。在某些情況下,這些局內人的觀點可能很受用,但在其他情況下,他們的觀點可能夾雜著不自覺的偏見。

　　當研究者要將參與者安排到團體中時,也要格外的謹慎。一般而言,要避免將不同權力階層的人放在同一團體。雖然這可能因不同機構或不同傳統而有出入,但是參與者至少要覺得他們和團體中

其他成員的權力或位階相當，例如，要避免將上司與下屬放在同一個焦點團體。另外，研究者要留意到一些原先就形成的小圈圈，由於這些小團體內成員的溝通模式非常的複雜，他們的資料較難分析，所以最好將這些成員和其他同事放在同一個團體。這樣的安排將迫使團體參與者把他們的意見說清楚講明白，以減少對隱諱溝通(cryptic communication)的依賴。

對於機構的整體環境及最近的大事記也要有某程度的瞭解。身為局外人，研究人員通常不熟悉機構內的文化、傳統與溝通模式。在這個機構中，人員可以公開的交換意見嗎？他們是否重視其他人的看法、是否尊重各種不同的觀點？一個有趣的現象是，機構內部的員工有時根本沒有察覺到同仁之間非正式交談所傳達的訊息（有關於尊重、包容、對他人意見的重視、傾聽、對新觀念的接受度等）。以下列出我們在機構內觀察到的幾個觀點，依我們看來，這些觀點會限制焦點團體的運用。

「如果你看到問題而且對該問題發表了一些看法，那麼別人就會期待你找到解決之道。因此，最好不要提出問題。」

「管理階層說他們希望我們提出建言，但事實上他們已做好決定。」

「可以提出批評，不過只能針對特定的圈內人而發。有些主題是神聖而不可碰觸的，因而只能和最親近的朋友討論。」

若想對機構的氛圍有較清楚的掌握，最有效的方法可能是在設計研究時，先針對不同員工進行非正式的個別訪談。藉由和員工閒聊，研究者不僅可以獲得不少有關研究實際運作的建議，測試訪談的問題，還可以發掘到成功的研究必須考量的因素。

若要針對內部團體來進行研究，研究者通常需要花費額外的心力來營造一個不具威脅性、隨意自在的團體氣氛，也就是說，員工必須對研究感到輕鬆自在。為此，研究者可能要費不少唇舌來讓他們知道「誰要求這些訊息」、「誰策劃這個研究」、「這些訊息會被運用來做那些決策」以及「誰將會聽到這些錄音帶的內容」。要注意避免讓參與者產生「機構會採納團體提出的建議」這樣的想法。研究者應該要提醒參與者：資料是從許多不同的團體蒐集而來，自所有資料統整出的意見將會呈給決策者作為參考。

　　研究者必須了解焦點團體的限制所在。有時候，這些機構的環境可能無法創造出焦點團體所必須的條件。因而，研究者必須瞭解到在什麼情況下要避免使用焦點團體。如果參與者根本不信任研究贊助者或是其他一起參與團體的同仁，視研究為一種對他們的威脅，或是不願意傾聽別人的觀點，在這些情況下，焦點團體不太可能奏效。

　　誰來主持團體？機構外人士當主持人的好處是可以保持中立，但是他們可能不熟悉機構內的文化。然而，外來的主持人因為有機會拿這個環境和其他環境比較，反而可以看到一些內部人士看不到的事物。機構內部的主持人對機構比較熟悉，但是他們必須被視為是願意傾聽、可以被信任的人，他們針對某個主題來詢問大家意見的這個舉動被視為合情合理。例如，一個從人力資源部門來的人士詢問有關工作士氣或員工福利的主題，是很合情合理的。總而言之，當研究者要選擇團體主持人時，要仔細權衡外來人士及內部人士的優缺點。

　　針對機構內人員進行焦點團體時，保密性是一個很敏感的議題，而這個議題會因為討論主題、機構的文化與傳統而被引發出來。機構是否歡迎不同的觀點？回顧過去，那些較敢批判的員工的下場如何？如果過去對保密的承諾未被遵守，那麼團體主持人所下的承諾將不被採信。主持人對於承諾的真正內涵應該要開誠佈公的說清楚，而這通常在研究的計劃階段就與決策者(要求進行該研究者)研議過。對於哪些人可以獲得參與者名單要有絕對的掌握。而這通常意味那些要求執行這項研究的人士不能取得這分名單。

　　團體參與者也要遵守保密的約定。主持人必須清楚的表達出對參與者行為的期待。如果主持人允諾會保密，但一位團體成員稍後卻告知每個人其他成員在團體中的談話內容，這顯然違背了當初的約定。為了避免類似的情形發生，在對參與者介紹焦點團體時，可以考慮將下列這些事項併入你的說明之中：

◎ 對研究做一個大略的描述，包括誰提議要進行此研究及其原因。
◎ 說明誰可以取得研究結果。

◎ 說明將如何運用研究結果以利於參與者或是機構本身。

◎ 提出一個對保密工作的概略承諾，也就是說，參與者的名單不會被附上。

◎ 說明錄影帶的運用方式，哪些人可以看到這些錄影帶？

◎ 要求團體成員之間要謹守保密原則。

◎ 說明主持人的角色是帶領討論，讓討論不要離題，對於某些主題，主持人可能會要求在團體結束後和成員個別晤談。

◎ 說明研究並不需要知道任何成員的名字，所以不要提起任何同事的名字。

◎ 告訴參與者，團體主持人會在團體結束時針對討論做一個重點的摘要整理，並且會詢問他們的看法，以確定是否抓到重點。

　　主持人要能詳述研究的好處，要特別說明參與者及其他未參與的同事如何從研究直接或間接受益。在很多情況下，我們的同事、鄰居以及朋友同蒙其利。研究者可以提出諸如下述的承諾：「這個研究的發現將有助於改善我們對榮民的服務」，「這個研究將有助於管理階層作有關績效獎金與員工福利的決策」，或是「這個研究將有助於提升我們對病患的服務」。不管內涵為何，所做的承諾必須合理而且詳細不含糊，否則難以取信於人。在研究結束時，研究者一定要記得履行當初的承諾，詳細的交代研究結果，並且說明這些結果與原先預定目標的符合程度。

　　在團體結束時進行一個現實感的測試（reality check）。在焦點團體結束之前，提出幾個與研究有關的額外問題。根據我們的經驗，如果能提出幾個收尾的問題，對團體討論的內容做一個簡短的摘要，並請求參與者核對摘要內容是否真實反映他們的想法，在這些動作之後再關掉錄音機，這樣的安排對研究有莫大的助益。不過，這時候還不能讓參與者離開。告知他們已經完成比較正式討論的部分，而現在你很想聽聽他們對整個過程的看法與建議，強調他們的建議將有助於研究小組改善日後要進行的討論。然後，你就提出幾個有關過程的問題。問題可以很簡單，像是「你對我們這樣的討論

有何看法」？「如何才能提升討論的品質」？或是「如何才能讓參與者覺得更自在」？如果你懷疑他們可能有所保留，可以提出這樣的問題：「你覺得人們可能會有所保留，而不告訴我們他們真正的想法嗎」？

在進行資料分析時，要留意到某些討論模式在現存機構內是司空見慣的。有經驗的研究者就注意到一個現象，當所有參與者都是機構內人士時，他們對於機構會有過度苛求的傾向。如果參與者之中夾雜著外來人士，他們在提出批評時會較有節制。另外，內部人員對於機構的運作、機構所做的承諾、以及哪些承諾尚未兌現等等議題有較清楚的瞭解，而這些都可能強化成員對機構的不信任，激起他們的憤怒情緒，甚至使他們懷疑研究的真正用意。參與者可能希望在焦點團體中繼續他們的訴求，像是說服其他人、封鎖某些訊息或是要求職務上的升遷。由於參與者之間彼此熟識而且發展出各種錯綜複雜的關係，團體內進行的討論可能會受諸多因素影響。事實上，在焦點團體中，參與者不僅僅對別人提出的「觀點」做回應，他們同時也對提出此觀點的「人」做回應。有時我們很難分辨某個回應是針對「觀點」還是針對「人」而發。對這種情形，研究者要特別提高警覺。

小祕方

在現有團體或機構內進行焦點團體

1. 掌握抽樣的方法。
2. 審慎安置參與者到團體中。
3. 熟悉機構的運作與最近的大事記。
4. 選對主持人。
5. 提供充分的保密承諾。
6. 說明參與者可以獲得之好處。
7. 於每個團體結束時進行一個現實感測試(reality check)。
8. 進行分析時要注意到團體動力的影響。

貳、與年輕人進行焦點團體訪談

　　若要發掘年輕人對某些議題、課程規劃、或工作機會的看法，焦點團體應該是一個很適當的工具。與年輕人進行的焦點團體有別於一般的成人團體，所以考量也不同。比如說，相較於成年人，年輕人對於所處的環境沒有掌控權。他們通常處於由成人掌控的情境之中，而這些情境有時連他們行為的準則都沒有清楚的規範。因此，對於主持人宣稱所有的意見，不論正向或負向，都會被納入考量的說法，他們可能抱持懷疑的態度。年輕人發現到他們經常陷在一種情況之中，那就是成人似乎很希望獲得他們的回饋，但是當他們提出相反意見時，成人卻總以不悅的神色來回應。另一個不容忽視的事實是年輕人受同儕壓力的影響頗鉅，他們的意見常受同儕左右。

　　當年輕人被詢問意見時，他們不像成年人有豐富的生活經驗可以旁徵博引，這是研究者要牢記在心的重點。因此，「我不知道」這樣的答覆有時的確是他們真實的看法。我們很多人都有一個共通的經驗，當你聽一個小孩說話的時候，經常會聽到一些好像來自父母、老師、宗教團體、或是反映社會價值觀的說詞或概念。以下我們提出幾個有助於這種團體順利運作的小秘訣。

　　找對主持人！有些成人真的喜歡和小孩打成一片。這些成人具備特殊的才能，他們就是有辦法讓孩子開口說話，很可能是因為他們自然流露出對孩子的信任、尊重與包容、富幽默感，以及願意傾聽孩子的心聲。他們知道如何跟孩子說話，如何聽孩子說話，如何和他們一起笑鬧、打成一片。有不少的教師、長年接觸青少年的輔導員、童軍團的義工、四健會的義工等等人士，都具備這些技巧。這類型的成人很容易被指認出來，因為他們身旁總會圍繞著一群小孩，總會聽到不斷的笑聲及交談聲。如果你必須進行青少年的焦點團體，而你近來又很少和年輕人「混」在一起的話，最好去尋求一

位這樣的人士來協助。

另一種作法是請一位年紀稍長的年輕人來主持團體。由一位高中或是大學年紀的「大孩子」來帶領「較小的孩子」組成的團體。在團體進行之前，當然要提供這位「大孩子」特別的指導以及足夠的練習。根據我們的經驗，究竟要用「大孩子」還是成人來主持團體，任何抉擇都沒有絕對的勝算。在最近幾個推行預防工作的研究中，我們所進行的焦點團體是由高中年紀的年輕人主持由國一到高二學生組成的團體。研究結果不僅令人側目，同時也讓贊助機構相信當初採用年輕人來主持團體是一明智的抉擇。這些由「大孩子」主持的團體之所以奏效，部分的原因是他們擺脫了成人的權威形象，而這對於某些敏感議題的交流與分享大有助益。然而，決定一個焦點團體成敗的關鍵因素應該不在於主持人的年紀，而在於他是否能夠讓年輕人對於討論的主題、討論的過程以及討論的環境覺得輕鬆自在。

要留意到參與者的年齡差距。我們普遍接受的一個原則是參與者之間的年齡差距不超過兩歲。就發展的觀點來看，年輕人在兩年之內就有很大的改變，舉凡他們的興趣、經驗、以及社會化程度都會有戲劇性的變化。而且，年輕人對於年齡非常敏感，他們有時會鄙視一個很有價值的意見，只因為那是由一個年紀較小的孩子所提出的。另外，較年幼的參與者可能會附和年紀較長者的意見。

在主持年輕人的焦點團體時，有技巧的團體主持人在團體一開始時，就特別用心去引導參與者彼此交談。在成人團體中，這些成人很清楚團體對他們的期待，比如要仔細聆聽他人的意見以及和其他人交流，但是千萬不要假設年輕人也會察覺到這份期待。年輕人每天置身於各種不同的遊戲規則之中，以致於他們經常不清楚成人究竟期待他們怎麼做。他們應該彼此交談嗎？這會令成人皺眉頭嗎？發表意見前要先舉手嗎？在日常生活的很多情況下，和其他孩子交談是會受罰的。所以，主持人不僅要明確的表示他們可以交談，而且要做一個示範，鼓勵孩子分享他們的觀點。在討論一開始時就丟出問題，要求他們針對問題交換意見，而非回答主持人的問題。同時要求這些年輕人尊重其他人的意見，仔細聆聽其他人的說法，並且分享自己的觀點。

年輕人可藉由不同的管道，例如藝術作品、戲劇、圖片、音樂或甚至幻想，來傳達他們的觀點。如果提出的問題要求年輕人以實際演出的方式來作答，或是要求他們以說故事或是創作作品的方式來表達，這樣的問題將激起很大的迴響。

相較於一般的成人團體，我們在年輕人團體中提出較少的問題。我們可能只提出六到八個問題，而非標準的十到十二個問題。在團體剛開始時，我們可能需要花上十到十五分鐘的時間讓這些年輕人彼此熟悉。而由於對象是年輕人，對於要討論的問題，我們可能事前要特別的用心思考過。要避免那些用「是」或「否」就可以回答的問題。成年人可能會假設團體主持人希望他們在回答時多引伸一些，但是年輕人卻經常以一個字來回答問題。另外要避免那些可能會威脅到年輕人自主性的問題。例如，假設主持人想瞭解這些年輕人如何決定要修哪些高中課程。在這種情況下，主持人應該要避免詢問「誰」做決定，因為大概沒有人會在同儕面前承認他們的父母影響這些決定。換另一個角度來看同樣的問題，主持人可以請他們回想並描述最近一次做決定的情形，這樣的問題可能會獲得較熱烈的回應。

帶年輕人團體有豐富經驗的團體主持人，對於不同年齡層孩子特有的行為瞭若指掌。年齡小於九歲的小孩團體不容易帶，因為這群孩子較少參與那些期待他們「先聽別人意見再做回應」的團體。國中階段（十二至十四歲）的焦點團體則很混亂、難以控制，比較明智的作法是將男女分開，即使討論的是很普遍的話題。年齡高於十四、十五歲的年輕人比較可以聆聽他人的意見及分享自己的觀點，他們也比國中階段的孩子較不受到性別的影響。然而，因為男孩子通常比較好動，有些團體主持人建議還是男女分開。

小學階段的男生常常不務正事、心不在焉。除非親眼看到，否則一般人很難相信他們的所做所為。所以，團體主持人要先有心理準備。這些小男生會把他們的名牌頂在頭上，從椅子上跌下來，比賽擤鼻涕，或是玩弄任何擺在桌上的東西。他們會在別人發言時猛力的招手，而在被叫到發表意見時，只若無其事的說「哦，我忘記了」。他們似乎忙於吸引其他人的注意。當你面對八個同時要引起你的注意的小男生時，想像那樣的光景，一定趣味橫生。小學階段

的女生通常不會出現上述的這些行為，他們似乎比較可以彼此傾聽及參與討論。

另外要注意同年齡的孩子通常會形成所謂的「死黨」。在針對年輕人進行焦點團體時，研究者通常較喜歡那些事前未形成死黨的團體。這些「死黨」的成員之間可能凝聚力很強，加上帶頭者的強力影響，可能只提出一些相近的、範圍較窄的觀點。為了避免這樣的情形發生，研究者通常喜歡將彼此不太熟悉的陌生人組成一個團體。

對於年輕人的團體，尤其是小學階段的孩子，我們通常會把時間控制在六十分鐘以內。在現實生活中，這些孩子通常每隔四十五分鐘到一個小時就會面臨一些變動（例如下課時間、更換場地或教室）。如果研究者設計一個兩小時的焦點團體討論，我們可以預期這群孩子在第二個小時一定覺得無聊。所以，不要提出太多問題，而且盡可能安排一些可以觸摸、可以動手操作、或是可以激發他們回應的活動。

適當的運用一些吃的東西可以收到意想不到的神奇效果。在團體中提供披薩、零嘴以及汽水可樂等食物，可以讓整個討論過程更自在、放鬆、有趣。在採購食品之前，先和這些年輕人溝通，聽聽他們的建議。

對於團體進行的地點要謹慎的選取。有些地點（例如學校）意味著是一個年輕人必須聽從成年人的地方。相對而言，某個成員的家裡、餐館、或是公共聚會場所，這些地點一般不會給人這樣的聯想。在許多研究中，團體舉行的地點可能並不重要，但是不可諱言的，在某些特定的場所，成年人明顯握有權威，而且對於某些主題（例如吸煙）訂有明確的規範。在這種情形下，最好遠離這種成人掌控的環境，而另覓一個較為中性的地點。

當研究者要進行年輕人團體之前，通常需要先徵得他們父母的同意。研究者應該就父母親或監護人許可這個議題，與贊助及合作的機構共同研擬出適當的作法。然而，當焦點團體是該機構正在推展的活動的一部份，例如進行的團體符合學校訂定的目標，而且在課堂上進行，在這種情況下，父母親的許可並非絕對必要。年輕人的焦點團體之所以要有父母親的許可，其實有兩層目的。第一層目

的是符合法律上關於知會父母親與孩子的規定。第二層目的是詳細
告知父母親有關焦點團體訪談的種種訊息。就我們所知，有不少明
智的研究者提供父母親或監護人相當詳細的背景資料，這種作法早
已超越了法律上對於研究的要求。

最後，調整並放鬆心情。年輕人的焦點團體是很好玩的，部分
原因是因為驚喜不斷，而且經常上演你意想不到的情節。相較於成
年人團體，年輕人團體的變異性較大，每個團體可能都不一樣，但
是可以肯定的一點是每個團體都充滿刺激與活力。保持你的幽默感，
表達你對他們的尊重，並且準備好隨時要即席演出。

小秘方
年輕人之焦點團體

1. 找對主持人。
2. 將成員的年齡差距限於兩年內。
3. 盡量讓成員彼此交談。
4. 問一些適合這個年齡層的問題。
5. 要清楚這個年齡層特有的行為。
6. 縮短團體的時間。
7. 適當運用食物。
8. 找到一個沒有壓力、可以自在交談的地點。
9. 取得父母或監護人的同意。
10. 放輕鬆。

參、對特定種族或弱勢族群
進行焦點團體

　　焦點團體已逐漸的運用於評估特定種族或弱勢族群的需要，或是用來測試這些團體對某些課程內容的接受程度。事實上，這是市場取向焦點團體研究中逐漸蓬勃發展的一個領域。爲什麼會有這樣的情形呢？因爲這群消費者的人數正在逐年增加之中，而且這一群人的收入比以前優渥，消費能力也比以前大爲提升。此外，不少非營利的事業單位以及公家機關也都運用焦點團體來進行低收入戶及有色人種的研究。由於這種團體的特性，在研擬及實際進行這些團體時需要一些特別的考量。我們接下來就來審視一些重要的考量因素。

　　當研究者在計畫這些團體時，要牢記一個重點—隸屬於同一個族群的這些人，不僅有相似之處，更有許多相異點。我們太習慣於將同一族群的人假設成一群同質性很高的人。在這裡要特別的謹慎，如果研究者假設「種族」是最主要或甚至是唯一的影響因素，那麼他可能忽略其他關鍵的因素，諸如收入、教育程度、年齡、性別、文化及語言。如果種族被視爲是同質性最重要的決定因素，那麼「種族」很自然會成爲團體中的主要議題。

　　爲了避免上述的情形發生，一個可行的策略是將參與者以不同的分組方式進行編組。有些團體可能由單一種族所組成，而有些團體可能是依據居住地（城鄉）、收入、年齡或是其他變數而組成。藉由這樣的安排，研究者有機會比較對照不同團體的結果。

　　在進行這種團體之前，首先會注意到的課題是「由誰來主持」。如果團體主持人和參與者有某些共通的特徵的話，對於團體的進行通常有助力。不可諱言，這些弱勢團體長久以來被握有權力與影響力的白人所掌控。因此，他們可能會假設外來者，尤其是白人，不僅握有權力，而且想從他們身上獲取一些訊息以鞏固其既有的影響力。有些弱勢團體對於和外人交談這件事十分的謹慎，特別是和有

權勢的外人談話時尤然。

然而，上述的考量並非完全沒有問題。在有色人種的社區內，我們一再地被告知，團體主持人必須對這群特定的對象非常瞭解及尊重。然而，即使主持人和參與者擁有相近的膚色或種族背景，並不保證他一定能贏得這群人的信任而達到預期的效果。我們也的確碰到過類似的情況。我們曾邀請具有某個種族背景的學界人士當主持人，而他並未受到社區內民眾的信任，這對於研究本身簡直是一大災難。另一個例子則是我們在研究一開始就認定種族是關鍵因素，後來才發現主持人被視為外人，因為他來自不同的部落、族系或社區。

依據我們的經驗，對於邀請何人來主持團體一事，我們認為最受用的指導性原則是詢問地方人士的意見。事實上，當研究者計畫以特定的文化、語言、種族或背景的人士來進行焦點團體時，詢問地方人士有關主持人的人選是很受用的一個秘訣。在研究的計畫階段，研究者應該試著去發掘出社區或鄰里內的有識之士。這些地方仕紳對於傳統、習俗以及地區的環境特色非常熟悉，這對於研究大有助益。去拜訪這些人並詢問他們的意見，而且不要只找一位，要聽聽多位人士的見解。詢問他們有關團體主持人、時間安排、吸引參與者的誘因、甚至茶點的準備等各種意見。不要期盼他們的意見會完全一致，對於不同的意見，要仔細聆聽並瞭解支持他們的建議的理由。

研究者要弄清楚哪些人對研究的認可與支持具有關鍵性。假使沒有這些人士的贊同，研究可能行不通或甚至不切實際。為此，研究者可能要邀請社區內的長老、有影響力的人士或是受敬重的地方領袖來提供建議。另外，研究者要思考哪些人可以對研究設計提出最佳的改進建議，可以對招募參與者的策略提供回饋，或是可以協助訪談問題的擬定。這一群人不同於上述的那一群人，這群人可能和研究對象較相近，對於整個研究的流程較清楚，或是對於研究的主題較熟悉。換言之，藉由這群人的參與，焦點團體這個方法才可能真正敏察到特定文化族群的特色與需要，進而被視為一種可行的方法。最後要考量的是哪些人可以在研究過程中協助一些關鍵性的任務，諸如招募參與者、主持團體、或是分析與詮釋資料？研究者

可能要邀請那些願意聽取講解、提供建議以及協助這些工作的地方有識之士來參與。

當地居民可以幫助研究者瞭解一些對研究可能有影響的事件或是傳統。有些事件可能會改變研究的計畫、研究進行的時機、研究的對象、或是所要探討的問題。某些社區可能長久以來就存在有關信任、尊重、不愉快的過往經驗等各種議題，研究者必須在事前就掌握到這些相關的訊息，這是研究成敗的關鍵之一。

另外，研究者也要關注到特定族群的儀式與傳統。在進行焦點團體時，研究者必須對該族群的文化及歷程有相當程度的瞭解，對於說話的時機與場合、討論中列席的人員、有權提出問題的人士以及提問的方式等等這些議題，都要事先考量清楚。

對於要在團體中提供的食物也要特別留意。所提供的食物可能具有特別的意義，可藉以增進凝聚力或是建立互信。在選擇食物時，也先聽聽地方人士的意見。

最後要牢記在心的是，在焦點團體中，每一位參與者都是以自己的立場來發言，沒有哪一位人士代表整個團體或族群來發表意見。因此，不要期待會有某個「領袖」冒出來告訴你，何謂適當、有挑釁意味、有品味、或是明智的行為。每個人都依據其特殊的生活經驗與價值來提出見解。研究者要誠懇的尋求各種不同的觀點。

小秘方
特定種族或弱勢族群之焦點團體

1. 小心取樣。
2. 找對主持人。
3. 和地方人士保持聯繫。
4. 清楚最近的大事記及歷史。
5. 有些儀式對參與者很重要。
6. 選擇得體的茶點。
7. 要求參與者以自己的立場發言。

肆、針對國際性團體與機構　　　所進行的焦點團體

　　所謂國際性團體，我們指的是由國際代理機構、研究機構或甚至獨立研究者在發展中國家所進行的團體。在這些情況下，研究贊助者與研究對象通常隸屬於不同的權力階層。權力階層加上文化差異很可能導致溝通上的困難。

　　在進行焦點團體研究時，權力階層這個議題幾乎毫無例外的總會引發一些困境，因為一個焦點團體如果要順利運作的話，參與者必須在沒有威脅感之下，願意去發表自己的看法。

　　當參與者分享他們對於某個計畫或是產品的意見時，研究者要考量一下存在於這些不同個體之間的文化差異。在某些情況下，文化所推崇的行為規範是避免提出批評，也就是說，參與者可能覺得他不應該指出問題所在或是討論問題解決的策略。有些參與者可能過度的有禮或客套，儘說些正向的好話。另外一些參與者可能假設團體的目的是要找理由來削減資助，因而可能表現的過度唯唯諾諾。

　　以參與者最主要的母語來進行焦點團體，避免使用口譯人員。而這意味著主持人對當地語言必須很流利。如果主持人的口語表達不流利，最好能找到一位口語流利的人，並訓練這位人士來主持團體。最好以主持人使用的語言來記筆記，然後再將筆記或錄音帶翻譯成英文。

　　仔細考量團體主持人的人選。要避免由位高權重的人擔任主持人。有時候當地的居民就可以勝任主持團體討論的工作，而在某些情況下，來自外國的訪問研究者不僅可以勝任這項工作，而且較不具威脅性。

　　在籌畫整個研究之前，先仔細聆聽認可這個研究的相關機構與團體的意見。另外，也要聽聽當地仕紳對於團體的實施時機、實施地點、以及其他和研究有關的因素的看法。

每個文化有其獨特的時間感。所以，團體有可能不是按照原先預定的時間開始，而兩小時的限制也可能根本就不重要。這裡的關鍵在於研究者是否能蒐集到高品質的資料。

不要忘記保密的重要性。參與者不一定信任研究者，而可能要視他們過去合作的經驗而定。如果討論的主題可能引發「秋後算帳」的疑慮，也就是在研究者離開該部落或社區後，參與者可能遭到某種不利或報復，這樣的主題應該盡量避免。

最後要考量到這個研究對參與者有何益處。研究結果是否會知會參與者？研究結果是否會提供給決策者作為制訂未來政策的參考？

小秘方
針對國際性團體與機構所進行的焦點團體

1. 避免將不同權力階層的人放在同一個團體。
2. 留意文化差異。
3. 使用當地的語言。
4. 不必太在意時間（例如何時開始、持續多久）。
5. 提供充分的保密承諾。
6. 說明參與者可以獲得之好處。

本章摘要

　　焦點團體可以蒐集到有意義的資料，而在實際作法上可以兼顧到對不同傳統的尊重，並善用語言及文化差異這些有助於團體進行的助力。然而，要使焦點團體真正發揮效用，研究者必須警覺到適時的調整實施程序。他必須能夠營造出一種讓人覺得可以自在交談的環境，表達出對每一位參與者的尊重，誠摯的尋求這些人士的睿智見解。當一位研究者可以符合這些期待時，焦點團體自然可以產生令人刮目相看的研究結果。

第十章 焦點團體的幾個「亞型」

本章預告

週期性反覆的焦點團體

雙主持人之焦點團體

電話焦點團體

網路焦點團體

媒體焦點團體

調整焦點團體要注意的一些議題

　　到目前為止，我們一直在傳遞一個觀念──當你進行焦點團體研究的時候，必須遵循一套特定的程序。也就是說，我們一直在「教導」大家，這是因為我們相信一位研究者對一套公認的程序不僅要瞭解，而且要有實際操作的經驗。然後，藉由實際經驗累積出的智慧，研究者可以進一步調整這套程序以順應不同的情境，並且考量這些調整的利弊得失。根據我們的經驗，為順應某些特殊情境而調整修正出的「亞型」(modification)之中，具有不錯口碑者包括「週期性反複的焦點團體 (periodically repeated)」、「雙主持人(dual moderators)的焦點團體」以及「電話焦點團體」。其他形式的調整有時可能不該稱做焦點團體，例如「媒體焦點團體」。

壹、週期性反覆的焦點團體

　　週期性反覆的焦點團體可以由相同的參與者反覆參加，也可以每次由不同的參與者擔綱。一般而言，討論的主題會聚焦於機構要求持續性回饋的議題之上，諸如「我們的服務品質如何」或是「如何提升顧客的滿意度」？有些機構每次邀訪不同的參與者。例如，一個社區中心可能每年進行四場次焦點團體，對象是利用社區設施的民眾，而每次的對象不同；或是，一個州立公園系統可能以到公園露營的民眾為對象，進行每週一次的焦點團體。在上述的這兩個情況中，主事的機構可藉由焦點團體，隨時掌握使用這些設施的民眾的意見，以採取必要的修正措施。

　　反覆的焦點團體也可以相同的參與者在間隔一段時間後再進行一次。當研究者想要追蹤這批參與者的知覺是否隨著時間的推移而改變，或是要對一個比較能提供豐富訊息的團體作更進一步的發掘時，這個方法很受用。舉例來說，一個博物館可能在每一季找來相

同的參觀者，詢問他們的意見。而這些參與者由於知悉他們將會被詢問相關的意見，對於有關機構的種種議題會愈來愈有警覺。假以時日，這群人將不再只是一般的顧客，而成為主要的訊息提供者（key informants）。

貳、雙主持人之焦點團體

　　我們可以調整焦點團體的結構來容納兩位主持人。這兩位主持人一起共事，但是就焦點團體本身以及討論的主題來看，他們各自代表不同的專業領域。舉例來說，一位主持人可能是主持焦點團體的專家，而對於討論的主題所知泛泛，而另一位主持人可能對焦點團體的運作毫無概念，但是對於討論的主題卻是學有專精。這樣的安排容許我們在團體內設置一位對討論主題學有專精的主持人，不過，這位主持人可能要注意到不要過度的影響整個團體。假設一個社區想要建造一個新的休閒中心，並決定以社區居民為對象進行一連串的焦點團體。具有焦點團體專長的主持人可以邀請一位具有建築背景的主持人，一起主持團體。這位具有建築專業的主持人可以就參與者各種不同的意見提供相關的訊息。藉由這樣的合作模式，兩位主持人可以彼此截長補短。這樣的安排有別於一般情況下設置的主持人與助理主持人的角色安排，因為助理主持人通常只扮演傾聽者與記錄者的角色，而主要主持人負責絕大部分的談話與提供訊息的工作。

　　運用兩位互補性質的主持人的另一種作法，是由焦點團體的贊助者擔任另一位主持人。這個人選可能是此非營利單位的主管或是理事會的成員之一。在這樣的情況下，研究者要特別的謹慎，因為這些人在面對負面的意見時可能會十分的防衛或是過度反應。當他

們聽到一些不實的意見時，他們會想要去糾正。更甚者，如果這位主持人是地方上的有力人士或是位居要職，團體參與者可能不願意提出直截了當的回饋。如果你決定要採用這樣的方式，要謹慎的選擇適任的人選，並且仔細瞭解他對團體的期待，同時要提醒他哪些是合宜的行為，哪些則否。

參、電話焦點團體

　　焦點團體討論可藉由電話來進行。運用會議式的通話連線，主持人可以和散居各處的人們進行焦點團體討論。電話焦點團體的最大優點是只需花用龐大交通費（載運這些參與者到一個中心地點的費用）的一小部分，就可以做到讓參與者「天涯若比鄰」般的進行互動。

　　電話焦點團體最主要的弱點是缺少非文字的溝通。藉由把人們聚集在一塊並觀察他們傳遞的種種非文字的訊息，如點頭、微笑、皺眉、提高警覺、對主題感興趣或覺得無聊等，這些是焦點團體中很重要的訊息，但卻是電話中所無法獲取的。因此，藉由電話焦點團體所蒐集的資料會欠缺現場出席的團體所具有的豐富性。

　　電話焦點團體可以不同的精細程度來進行。就最粗略的程度而言，它只運用有限的資源，進行一種類似電話會議（conference phone call）的團體。如果有較為精細的通訊設備的話，也許可以運用一個視訊電話的螢幕，在螢幕上以燈光和名字來指認出發言者，利用特殊的開關裝置來確保一個時間內只有一個人說話，另外最好有燈光可以顯示有其他人想加入討論。

　　當我們進行電話焦點團體時，我們會把進行的時間、參與者的人數以及問題的數目通通降低。在線上兩小時的確太久了。我們建

議一個小時長的電話焦點團體。因為時間較短，所以我們只招募四到六個人來進行團體，而且也減少討論的問題數目。電話焦點團體還有一個特點，是我們在現場出席的焦點團體所沒有的，那就是在團體進行之前先將問題寄給參與者。這個小動作將使得短暫的團體時間有更大的斬獲。由於先看過、甚至思考過這些問題，這些參與者知道討論的方向，知道他們要表達的意見觀點，所以這一群人即使沒有實際的聚在一起，但在心理上卻有彼此聯繫的感覺。

這裡再強調一次，我們只有在參與者無法本人出席的情況下，才採用電話焦點團體。

 ## 肆、網路焦點團體

網路焦點團體（internet focus groups）可以有許多不同的形式。在最簡單的層次上，團體進行的方式是由一位主持人提出問題，而由遠端的參與者藉由鍵盤來輸入意見。如果能運用額外的軟硬體來輔助的話，團體成員可以藉由語音的傳輸來溝通，甚至語音和影像可以同時呈現。這種方式最大的優勢是費用低廉，而且可以將散居各地的人串連起來。而它最主要的缺點是要利用鍵盤來輸入意見。對那些手指靈活而且習慣筆談的人，他們可以快速而清晰的表達出他們的觀點。但是對於那些打字慢或是讀寫能力較弱的人，可能吃不消。另外，就瞭解團體動力的能力而言，網路焦點團體似乎要比電話焦點團體略遜一籌。對網路焦點團體有經驗的主持人就發現到某些特定的人士，例如年輕的男性電腦玩家，對這種團體形式反應良好。這種形式的團體將隨著電腦軟硬體的進步而逐漸演變。

網路焦點團體拓展了焦點團體的運用範圍。有人可能不禁要問：這算是焦點團體嗎？或只是一群人聚在一起聊天？這個問題無法以

一些很表面的資料來作答。如果這個網路團體所提出的問題有明確的焦點，參與者可以沒有負擔的自由交換意見，而且主持人掌握討論的方向，使討論聚焦於提出對問題的解答，如果這些條件都具足的話，這樣的網路團體當然就算是一個焦點團體。

伍、媒體焦點團體

　　近來，媒體（media）也發現到焦點團體的迷人之處。不論是報紙的讀者還是電視節目的觀眾，他們都想知道其他人對某些事件或議題的想法觀點。這些媒體團體和本書介紹的焦點團體只有幾個共通點。這些聚會之所以被稱爲「焦點團體」，可能是因爲提出的問題有清楚的焦點，參與者也是事先依據某些標準揀選出來的，而且節目主持人對於主持團體討論也有純熟的技巧，但是這些團體欠缺焦點團體所必須具備的條件，也就是一個自由、不具威脅性的環境，參與者可在其中放心的彼此交談，而且不必擔心他們的身份及談話內容會外洩（確實作到保密）。由於欠缺這個關鍵性的條件，這些媒體上的節目看似焦點團體，事實上並不是。

　　這些媒體上的節目，其用意是要捕捉到大眾共同的心聲。參與者對於他們發表的意見是否會被斷章取義，並沒有把握，若有這樣的情形發生，他們通常也沒輒。換句話說，參與者完全被媒體所操控。一般而言，媒體焦點團體通常有不少方法上的缺失，而無法被視爲一個嚴謹的研究。第一個缺失是通常只進行一個團體，而且，這個單一團體的結果就被公然或暗中的推論到範圍頗大的母群。第二個缺失是團體並非在自由、沒有威脅的環境下進行。錄影機及攝影機在整個過程中不停的捕捉影像，反覆的提醒參與者他們正處於被觀察的狀態。錄音的裝置會錄下他們所說的任何話語，但是只有

幾個意見會被登出或是播出。第三個缺失是選取參與者的基準，這樣的團體通常會以橫段面的選樣方式來選取居民或選民，但是很多居民會選擇退出這樣的公開討論，只有那些自信滿滿的民眾會投入這種團體討論。

我們誠摯的呼籲媒體謹慎行事，並且做一些調整。對於這樣的聚會，他們其實可以給它一個更正確的名稱—「團體討論」，這樣也可以避免造成讀者或觀眾的混淆。如果媒體真的想進行焦點團體，而且也希望將這些討論稱為「焦點團體」的話，應該要針對錄影、錄音設備可能造成的影響，進行一系列從非正式到較正式的討論。舉例來說，他們可以一開始以傳統焦點團體的方式進行幾個團體，也就是說，沒有攝影機在場、參與者同質性高而且有明確的保密承諾的團體。而在針對這幾個初始團體做成分析之後，接下來一系列的焦點團體就容許攝影機在現場捕捉鏡頭及談話內容。藉由這樣的安排，媒體就可以獲知參與者在被錄影、攝影或錄音的情況下，是否會修正調整他們的意見。

在媒體上稱之為「焦點團體」的節目安排其實只是一種娛樂，而非研究。我們應該將這樣的節目視為和那些運用「電話票選」來進行調查的電視節目或電台節目一般——「打電話進來票選這個重要的議題！告訴我們你的意見，我們想聽聽你怎麼說」！

 陸、調整焦點團體時
　　要注意到的一些議題

　　當研究者想要針對焦點團體作一些調整時,他應該清楚的瞭解焦點團體可以勝任的事項以及它的限制。雖然進行的方式可以做某程度的彈性調整,但是過度的不當引伸,可能會折損整個歷程。當研究者要做某些調整時,要考量到下列幾個重點:

目的:如果你想要收集資料、聽聽人們的說法並從中學習的話,焦點團體是很適當的工具。焦點團體的主要用意並不在教導、提供資訊或是尋求他人對某個決定的認可。

參與者的招募:焦點團體的參與者是事先選取出來的。焦點團體的訪談不會向大眾公開徵詢或是針對某個團體做地毯式的邀請。

討論的內容:焦點訪談主要是由幾個開放式的問題所組成,這些問題容許參與者以他們的方式來回應。這樣的訪談並不是針對任何有趣的話題所進行的公開討論。

團體的環境與氣氛:焦點訪談是在一個有助於彼此分享、傾聽與回應的自在氣氛中所進行的。

Focus Groups

本章摘要

焦點團體訪談運用於許多不同的情境,而且都有不錯的成效。它可以在不同時間點針對同一群人來進行,可以經由電話連線來進行,可以透由網路來進行,也可以由多個主持人一起主持團體。所有這些焦點團體的「亞型」仍然具備焦點團體最基本的特徵。這樣的團體只邀請有限數目的同質性民眾來參與討論,以提供質性資料。團體的目的並不在教導民眾、提供團體治療、消解歧異、或是達成某種共識,而是藉由一種有系統、可驗證的方式來獲取資料。研究者在掌握這個目的之後,就可以放手的去做一些必要的調整,他將會發現焦點團體訪談這個方法具有高度的彈性與韌性。另一方面,媒體工作者可能要仔細檢視這些他們稱之為「焦點團體」的節目型態,他們可以將名稱修改為類似「團體討論」這樣的名稱,或是做一些必要的調整,以使參與者可以在不受媒體環境的影響下表達意見。在目前的情況下,我們最好將這些媒體「焦點團體」歸類為娛樂,而非研究。

第十一章
如何回答有關焦點團體研究品質的問題

本章預告

焦點團體研究算是科學研究嗎？

你怎麼知道研究發現不是
你個人的主觀意見而已？

焦點團體研究是一種軟性研究嗎？

你如何確知研究具有效度？

你可以根據研究結果來作推論嗎？

你爲何不使用隨機抽樣？

樣本有多大？
你怎麼可以就這麼少的樣本，
做出這樣的結論？

Focus Groups

　　在這一章，我們想談談焦點團體研究經常會被問到的問題。然後，我們會針對如何回答這些問題，提出我們的看法。身為一位實地研究者(field researcher)，你勢必要能夠對這些問題提出可以交代的答案。如果你提不出解答，可能會給人一些負向的印象，好比你沒有準備好、未曾思考過這些極為關鍵的議題、或是你根本不具備勝任這項工作的能力。

　　我們可以有許多不同的方法來回答這些問題，本章所建議的方法只是一個起點，我們鼓勵大家盡量思索出更好的解答。

　　你一定會被問到一些問題。這些問題之中，有些和研究主題有關，有些則可能和研究方法有關。這些問題可能是由同僚、研究贊助單位、對研究感興趣的個人、焦點團體的參與者、或是研究的評審所提出。有些問題可能會很棘手，比如有些應該在研究的計畫階段就提出的問題，卻在研究結果發表時才冒出來。在進行口頭發表時，你的用意在於分享研究發現，強調研究成果以及可能的應用，但是聽眾卻提出有關研究方法的問題。這些棘手的問題並非針對研究結果而發，而是著眼於研究程序以及研究背後的哲學基礎。如果你沒有預期這些問題會被提出來，可能一時之間也很難回答。因為你一直專注在研究的結果上，這些有關研究程序或是哲學的議題可能趁虛而入，令你瞠目結舌。為避免這樣的窘況，我們提出以下幾點建議。

　　首先，要先預期聽眾會提出哪些問題。藉由這樣的預期，你可以事先仔細思考這些問題的答案，屆時就可以提出清晰扼要的回答。當你預期會有哪些問題時，要先對你的聽眾有非常清楚的瞭解。他們對於這個研究或其他類似的研究有多少認識？他們是否熟悉焦點團體研究？他們對這個研究的投入程度如何？對這份研究報告有何期待？

　　仔細思考一下機構的傳統以及發表這份報告的場合。有一種機構的傳統是所謂的「垂直位階模式」(hierarchical model)，而這個研究已蒙頂級管理階層的「讚許與庇蔭」。那些棘手的問題早在研究的計畫階段就被提出來過，眼前這些聽眾的任務是對研究結果表達讚賞與歡呼。這種模式在企業界相當的常見，是一種截然不同於學術界的作法。另一種發表的情境是，管理階層希望現場的聽眾

Focus Groups

（大抵是基層員工）能根據研究發現來採取某些行動，因而他們針對報告所提出的問題是有特別用意的—希望藉由發表人的說明來協助他們傳遞研究發現及行動步驟給下屬。在這種情況下提出來的問題，其實是這些中級管理階層人員預期他們自己會被問到的問題。事實上，就「回答問題」這個能力的訓練上，這是一種「培育訓練者」（train-the-trainer）的模式。另一個發表的環境是在學術會議或是專業團體中。以上所列舉的是我們所看過的一些不同的發表環境，當然還有很多其他的不同情境，而這些情境應該會影響你回答問題的方式。另外，發表內容的詳細程度以及回應的態度，可能也會因不同的發表情境而有些微的差異。

第二，要考量問題背後的原因。先不要預設提出問題的人是基於渴求更多的資訊。先問問自己：聽眾為何會提出這個問題？你可能無法確知真正的原因，但是基於以往曾被問到的問題、發表的場合或是對提問者的認知，你可能會有一些預感。以下列出我們曾遭遇過的發問者種類：

● 有些發問者的確是希望獲得解答。這些人對於你所進行的研究非常好奇、感興趣。他們可能想盡辦法的想要學習新的策略與技巧。這些人可能對於特定的研究發現或是研究未來的應用層面特別感興趣，想在這些層面上多獲得一些訊息。**回應策略**：你的回答要盡量的清晰扼要，而且要盡可能提出最好的回答。如果情況許可，也可以詢問這位人士的想法。

● 有些人看似在發問，其實是在做一些個人的觀念陳述。陳述的內容可能是贊同或是反對你的研究，也可能是一個和你的研究完全無關的主題。不要預設你必須要有答案。**回應策略**：對這位人士的意見表達感謝之意，然後繼續回應其他的問題。

● 有些人發問是為了填補時間（避免冷場）、引人注意、或甚至是想要幫助你。**回應策略**：針對問題回答，邀請在場的人士來回答，或是延後回答。

● 有些人所提出的問題其實是要引導你掉入他設下的陷阱中。發問者是來「找碴」的或是要揭露研究的缺失。**回應策**

略：重申研究背後的學理基礎，說明所採用的研究方法何以適當。另外，描述你所採行的系統化程序，並清楚的交代研究限制。

有時候，我們提出的問題其實反映出我們對於研究的本質與科學方法所抱持的信念。這些信念並不是一夕之間形成的，我們藉由閱讀研討、藉由別人告知我們如何更正確的認識這個世界、以及藉由個人的經驗，而逐漸形成這些信念。

對有些人而言，研究取向就像是宗教信仰一般。不同的宗教團體各自擁有不同的觀點。有些聲稱他們是唯一可以解答生命難題的團體。有些團體則是在眾多有價值的信念中，選擇其中一個他們認為較好的觀點。有些團體容許有多種不同的觀點，不相信有任何所謂的「唯一」的信念系統，他們抱持的觀點是人們可以同時擁有不同的信念。我們的座右銘是尊重並推崇不同的觀點。我們不預設我們可以說服其他人捨棄他們的信念。這裡的重點並不在於要人們「改宗」或是「變節」。

以下我們就來檢視有關焦點團體這個研究方法的問題。你可能在某些時候會被問到這些問題，而你的回答必須針對不同的情境作

Focus Groups

適當的調整。我們除了列出這類問題以及我們的解答之外，同時也提供這些問題的背景資訊及我們對這些問題的想法。

警告
避免答非所問

　　對於回答問題的策略，我們不鼓勵「答非所問」。這通常是政界人士使用的伎倆，特別是召開記者會時。有時候，這種作法是由於發表者一時疏忽，像是沒有弄清楚問題就倉促的提出解答。有時候，這種作法是明顯的想把問題轉變成另一個他可以回應的問題，我們並不建議這種回答問題的策略。

 壹、焦點團體研究算是一種科學研究嗎？

　　科學研究有許多不同的形式。在生物科學或物理科學的領域中，研究目的在發現因果關係，證實理論的預測能力，或是發現自然法則。對於這些形式的科學研究而言，控制、可重複性、以及藉由重複研究所獲得的證據是很關鍵的條件。而這類研究的背後其實有許多假設。其中之一是研究者可以掌控環境。舉例來說，研究者可以增加濕度或是光線，並記錄這些改變對植物造成的影響。另一個假設是的確有「自然法則」存在，且這些法則具備一致性、可理解性、以及預測能力。

　　社會科學研究也運用許多自然科學的研究方法，不過，由於研究的是人類經驗，因而在方法上做了一些調整。焦點團體研究的確

是一種科學研究，因為它是一個具有系統性與可驗證性的探究歷程。它不是那種尋求控制與預測的科學研究，它的目的在於提供瞭解與洞察。

問題背景

　　幾十年來，社會科學家一直希望藉由改善研究程序來提升研究的品質。他們借用了物理科學與生物科學慣用的實驗設計方法來做研究。隨機分派、運用控制組與實驗設計等等這些作法逐漸被社會科學家所青睞。然而，這些科學家很快就感到失望，因為他們即使從中學到很多，卻也發現到這種實證取向其實限制了他們的想法，也忽視了很多有價值的資料。許多不同的科學研究方法因而衍生出來，而這些方法都經證實適用於社會科學研究。這些科學的研究程序被賦予許多不同的名稱，不過，它們都可歸到「質性研究」這個大類中。

對問題的想法

　　這樣的問題通常是由具備特定背景的人所提出的，這些人通常接受「只有一種唯一正確的研究方法」，而這唯一的方法就是實證方法，也就是提出假設、控制實驗、再將結果推論到整個母群的這整個歷程。不可諱言，我們自邏輯實證科學方法的這個傳統學到很多，許多重大的發現也是拜這種研究法以及認知方式所賜。事實上，這整套的思考方式在美國境內稱的上是一枝獨秀，有些人甚至不知道還有其他的認知模式或是研究方法。

貳、你怎麼知道研究發現
不是你個人的主觀意見而已？

　　我們在一開始進行研究時，就特別強調兩個重要的指導原則：研究者的中立立場以及系統性的研究程序。我們運用各種方法來確保研究者的中立立場。例如，我們的研究小組是由不同背景的人士所組成，以確保呈現的結果不是一言堂，而是反映了多重不同的觀點。再者，研究小組也警覺到保持中立的必要性，以及捕捉到所有參與者觀點的重要性。

　　在整個研究過程中，我們運用一套公認的系統化程序來進行資料的蒐集、資料的處理以及分析。我們運用實地筆記及錄音設備來捕捉參與者所提出的意見，而這些意見則做爲資料分析的素材。在焦點團體進行中，如果對於參與者所提的意見不甚清楚，我們會請求他們做進一步的解釋。在討論之後，我們針對主要發現做一個簡短的摘要，並請參與者核對。我們在後來的簡報以及報告也都是採用小組模式。在資料的分析上，我們運用一套公認的系統化步驟來指認出重點，然後再與其他團體的結果比較對照，找出一些反覆出現的模式或規律性（patterns）。在我們的研究結果中，對於任何被指認出的重點，我們都有記載詳細的證據可資核對。我們一直非常謹慎，對於研究發現能眞實反映出參與者的意見，也深具信心。對於研究的發現與建議，我們很樂意聽聽不同的詮釋觀點。

問題背景

　　一個主觀的研究通常是由於研究者對於研究主題過於熟悉，以致於他的判斷影響了研究結果。反之，一個客觀的研究，爲了剔除人爲的影響，通常會運用工具或是標準化程序來精確的測量研究變項。

Focus Groups

　　我們運用小組共事的模式以及標準化的程序來進行資料的蒐集與分析，因而，我們不僅僅只關注那些符合我們的預期或是世界觀的事物，或是那些我們喜歡或瞭解的事物。我們非常謹慎的將研究發現，也就是參與者所發表的意見，和我們的詮釋及建議區隔開來。我們預期這些詮釋及建議會較為主觀，但是這一部份本來就接受公開的辯論與討論。具備不同背景與經驗的人士可能提出非常不同的詮釋觀點及建議。

對問題的想法

　　我們很難去判斷這個問題背後的用意何在。有時候這是一個友善的問題，提問者希望對研究者有些助益。有時候這卻是一個挖苦的或是帶有嘲諷意味的問題，暗示提問者對於某種型態的研究感到不屑。然而不論如何，你要思考如何來回答這樣的問題。最重要的一點是，即使別人不尊重你的觀點，你仍然要對其他的觀點或是研究哲學抱持尊重與讚許的態度。同時，在提出你的答覆時，要避免防衛的態度。一般而言，我們會避免使用諸如主觀/客觀或是軟科學/硬科學這樣的字眼。

檢核表

　　回答有關主觀性（或軟性研究）的問題時，要特別注意到下述幾個重點：
- □ 不要覺得訝異（而驚慌失措）。
- □ 對提問者保持尊重的態度。
- □ 不要動怒或翻臉。
- □ 先預設提問者真的想知道答案。
- □ 說明研究小組如何共事以確保中立。
- □ 說明資料蒐集的方法。
- □ 說明資料驗證與核對的方法。
- □ 說明資料分析的方法。

　　現在，試著在兩分鐘之內做到上述各項。

參、焦點團體研究是一種軟性的研究嗎？

你所謂的「軟性」，如果是指我們沒有量化參與者的回應，那麼你說對了，我們的確沒有將他們的反應數量化。我們本來就不打算要進行量化。我們的用意是要瞭解人們對這個主題的感受與意見，並找出其中變異的幅度。如果你所謂的「軟性」是指缺乏標準或是嚴謹性，那麼我們的答覆是否定的，這個研究絕非軟性的。（接著說明你的研究程序。）

這個研究的用意在於獲取人們對於某個複雜議題的知覺與見解。我們找不到任何現成可用的工具來測量這個變動且複雜的概念。實際上，要探究這個概念的唯一方法是去捕捉參與者的深度感受。研究結果也無法以數據的形式來呈現，而必須以描述的形式來表達。

另一個答覆的方向是去討論「觀察」而不進行任何操控這種研究取向的價值。我們的答覆可能如下所述：「實證研究強調的重點在於做到『控制』。如果一個研究操弄某個變項並詳細記錄操弄的結果，這樣的研究就是所謂的『硬』科學。在這種研究中，整個研究情境是在研究者的控制之中，研究受試者所接受的處理（實驗組或是控制組）是事先安排的，而那些可能影響研究結果的變項也受到控制。然而，放眼實驗室之外的真實情境，大半的情況是無法被控制的。我們這個研究的用意在於觀察、傾聽、紀錄、以及發表這些標的對象的感受與意見。『控制』這個標準顯然並不適用於本研究。」

問題背景

　　「軟」或「硬」這些字眼其實並不精確，甚至會誤導讀者。「硬」通常意味著和數字有關，特別是指那些由標準化測驗、調查、或實驗設計所得出的數據。另一方面，「軟」通常是指那些描述性的觀察及訪談資料。社會科學家已經注意到要避免使用這些字眼。一般通俗語言中的「硬性研究」與「軟性研究」其實是過度簡化的說法，不僅帶有輕蔑的意味，有時甚至具有煽動性。這些字眼隱含上下尊卑的關係。

 ## 肆、你如何確知研究具有效度？

　　我們可以檢視一下研究程序，以確定我們是否運用一些確保研究結果的可信度（trustworthy）的程序。我們的研究小組不僅注重資料的品質，更關注到研究結果要能正確反映出參與者對於討論主題的感受與想法。

　　我們事先對討論問題進行預試，以確定參與者瞭解這些問題。我們在規劃研究的階段，就先聽取參與者的意見，以瞭解如何營造一個可以自由分享的團體氣氛。我們運用一組能勝任這種情境的主持人，這些主持人不僅具備相關的訓練與背景，而且經驗豐富，具有高敏感度。在團體中，我們仔細聆聽參與者的意見，觀察他們如何回答這些問題，並且要求他們釐清一些模稜曖昧的說法。然後，在每個焦點團體結束時，請求參與者核對我們提出的摘要。在資料分析上，我們運用了系統化的分析程序。總而言之，我們遵循一套公認的程序來確保研究結果的可信度。

Focus Groups

問題背景

　　基本上這是一個有關研究結果可信度的問題。在實證研究的傳統中，一個研究的效度是很重要的，因爲研究者設計一個測驗或是一個工具來測量某個概念，但是有時候這個工具實際上測量的是另一個概念(測錯了)。在這些量化的研究中，這些測量工具其實可視爲研究者真正要測量的概念的「代理」(proxy)。相對而言，在焦點團體研究中，並無類似的「代理」關係存在。研究者藉由參與者所說的話來找出他們對於討論主題的感受、想法、或是觀察。研究者同時利用多種不同來源的資訊，而這通常是量化研究者所無法做到的。在焦點團體中，研究者不僅細察參與者的回答，而且有機會進一步追索及探問，以釐清(clarify)該回應的真正意涵。此外，研究者可以針對關鍵性的重點，尋求參與者的核對或驗證(verification)。

對問題的想法

　　關於效度，我們獲致的結論是：質性研究過度強調效度[1]。其實，質性研究者真正要關注用心的是如何將研究做好。

　　研究者的目標是去瞭解參與者的觀點，並就這些觀點與讀者或聽衆進行溝通。要達到這個目標，一位研究者必須關切到研究的品質。所謂好的研究，我們已在第二章到第七章介紹，內容包括如何計畫一個研究、如何問問題、如何主持團體、如何招募參與者、如何分析資料、以及如何發表。我們提出這些作法的用意並非要研究者分毫不差的遵循，相反的，他們應該將這些作法視爲一些指導性原則，而在研究環境改變時，進行必要的修正與調整。

　　總結來說，我們建議研究者不必擔心傳統的效度這個問題，而應該準備好如何回答下面這個問題：你如何保證自己確實遵循質性研究的步驟？

伍、你可以根據研究結果來作論斷嗎？

　　這個研究的用意並不在推論。我們的目的在於針對一個主題作深度的探索，因而，我們花費相當可觀的時間針對一小群人進行研究。相對而言，其他的研究方法並沒有這麼深入，而只使用限制反應選項的封閉式問題，這類型的問題著眼於廣度而非深度。而這些提供廣度的研究，其研究結果通常可用來進行推論。

　　所以，若從一個較嚴謹的角度來看，我們不能進行推論，然而我們建議的是可轉移性(transferability)這個概念。也就是說，當一個人想要運用這個研究的結果，他可能要思考一下這些發現是否可以轉移到另一個情境之中。我們建議你考量這個研究的方法、研究程序、以及標的聽眾之後，再確定這些結果符合你所面對情境的程度。

Focus Groups

問題背景

　　依據Lincoln與Guba(1989)的說法，可轉移性(transferability)相當於可推論性(generalizability)這個實證取向的概念，不過兩者仍存在一個差異，那就是可轉移性是由結果接收者（而非結果輸出者或是研究者）來決定研究結果是否可應用到另一個情境。研究者在檢視研究時要特別注意到研究的條件、情境與程序，然後才能確定研究結果符合另一個情境的程度。

對問題的想法

　　當你發表焦點團體研究的結果時，要預期有人會提出有關可推論性的問題。「可推論性」是一個很吸引人的概念。藉由隨機化以及完備的抽樣程序，研究者可以確定研究的可推論性。然後，藉由可推論性，研究者可以描述這些結果發生於其他情境的可能性。相反的，焦點團體只針對有限數量的人，且這些人也非由隨機抽樣而選出。因此，不要承諾研究結果具有可推論性，而要建議那些想要應用研究結果的人，仔細審視研究程序、研究方法以及分析策略，再決定這個研究可應用到其他情境的程度。一般而言，可以轉移的並非某些特定的發現（specific findings），而可能是較大的理論性概念(theoretical concepts)。

 背景

　　如果你對於推論性這個議題想多涉獵，可以參閱下述這本著作：

Lincoln, Y. & Guba, E. (1989). <u>Fourth generation evaluation</u>. Newbury Park, CA: Sage. 特別是第八章， Judging the Quality of Fourth Generation Evaluation."

陸、你爲何不使用隨機抽樣？

　　因爲隨機抽樣在這裡並不適用。在焦點團體研究中，我們使用立意抽樣（purposeful sampling），依據研究目的來選取參與者。舉例來說，我們可能要研究某個課程的使用者、曾有暴力經驗的社區青少年、或是五十歲以上的男性糖尿病患者。對於每一個情況，我們當然要找到這類的人，因爲他們具備有利於研究的特殊知識或經驗。這些人就是Michael Patton(1990)所謂的「資訊豐富」（information-rich)的個案。焦點團體是由一群同質性的人士所組成，這些人具備和研究主題有關的共通之處。針對整個母群進行隨機抽樣，將會是時間與資源的雙重浪費。然而，研究者通常會先取得符合條件的可能參與者名單，然後再從中隨機抽取實際參與的對象。我們通常要求達到這樣的隨機程度，將取樣的誤差降到最低。

對問題的想法

　　在量化研究中，隨機抽樣是一個關注的重點。其原因在於隨機抽樣可以確保所抽的樣本代表整個母群。樣本數及隨機程度可以決定該樣本的品質。如果樣本數太少且又不是隨機抽取的，這樣的樣本可能會遭到質疑。因此，我們對於量化研究者特別關注焦點團體研究的樣本數與隨機程度，並不感到詫異。

背景
對於抽樣這個議題，可以參考的文獻資料

要能夠清楚的說明這種抽樣方法背後的邏輯，特別是這個領域的專家說法，下述三本書很值得參考：

Glaser, B. & Strauss, A. (1967). The discovery of grounded theory. Chicago: Aldine.

特別是有關理論抽樣的討論。

Patton, M. Q. (1990). Qualitative evaluation and research methods. Newbury Park, CA: Sage. 請參閱第五章 "Designing Qualitative Studies."

Strauss, A. & Corbin, J. (1990). Basics of qualitative research: Grounded theory: Procedures and techniques2. Newbury Park, CA: Sage.

請參閱第十一章 "Theoretical Sampling."

七、樣本有多大？你怎麼可以就這麼少的樣本，做出這樣的結論

對於這種型態的研究，研究的品質並非取決於樣本的大小。研究的目的是要達到理論飽和(theoretical saturation)，也就是說，我們自訪談結果中找到某種反複出現的模式後，繼續取樣，直到理論達到飽和或是發現到重複多餘的資料為止。在焦點團體的研究中，根據我們的經驗，通常會針對特定的對象進行三到四個焦點團體，然後再決定是否要增加額外的團體。針對多個性質不同的母群所進行的大規模研究，通常需要較多團體，但是我們的目標是要瞭解某個概念或觀點的變異程度(variability)。

問題背景

Patton(1990)提供的一個例子，也許可以幫助你回答這個問題：

皮亞傑藉由長時間且深入的觀察他自己的兩個小孩，而使我們對小孩如何思考這個課題有突破性的瞭解。佛洛伊德以區區幾個案例(少於十個)就建立起精神分析理論。Bandler與Ginder藉由研究三位頗負盛名又高度有效的治療師，而建立起神經語言學（neuro-linguistic programming, NLP）…Peters與Waterman藉由研究六十二個公司，而提出被廣泛接受的機構致勝八大原則，六十二個公司其實只是成千上萬可以被研究的公司中一個極小的樣本而已。

從質性研究所衍生出的效度、豐富意涵、以及具啟發性的見解，其實和樣本大小並無太大關聯，而和所選取的個案是否能提供豐富訊息以及研究者的觀察分析能力較有關係（185頁）。

對問題的想法

對一些研究者而言，他們的確很難接受小樣本這個事實。量化研究特別強調隨機抽樣及足夠的樣本數，樣本大小的確是研究品質的一個指標。但是在質性研究中，抽樣的邏輯完全是另外一回事：我們是依據研究目的以及自現有資料所獲得的發現來決定樣本的類型與數目。

Focus Groups

1. 譯者註：有些學者主張在質性研究中採取可信賴度（trustworthy）等概念來取代效度，凸顯質性研究在研究取向上是有別於量化研究的傳統。

2. 譯註：第三本著作已出第二版，中譯本已於民國90年出版。中英文名稱如下：

Strauss A. & Corbin, J. (1998). Basics of qualitative research: Techniques and procedures for developing grounded theory (2nd Ed.). Thousand Oaks, CA: Sage.

吳芝儀、廖梅花（譯）。質性研究入門：紮根理論研究方法。嘉義：濤石文化。

Focus Groups

Focus Groups

生涯輔導與諮商
《理論與實務》
吳芝儀◎著

定價 600元

ISBN：957-30722-0-3

　　本書彙整當前有關生涯發展、生涯選擇、生涯決定理論，及針對小學、中學、大專各階段學生實施的生涯輔導方案，以提供各級學校老師位學生實施生涯輔導與規劃的理論依據和策略參考。本書並彙整作者數年來帶領學生進行生涯探索與規劃的團體活動教材，除提供老師們設計活動之參考外，更可直接作爲學生自我學習的活動手冊，引導學生自行進行生涯探索與規劃。

生涯探索與規劃
《我的生涯手冊》
吳芝儀◎著

定價 320 元

ISBN：957-30722-1-1

　　本書涵蓋了自我探索、工作世界探索、家庭期待與溝通、生涯選擇與決定、生涯願景與規劃、生涯準備與行動等數個與生涯發展相關的重要議題，均提供了循序漸進的個別或團體活動，以輔助青少年或大專學生的自我學習，並可運用於生涯輔導課程、生涯探索團體、或生涯規劃工作坊中，作爲輔導學生進行生涯探索與規劃輔助教材。

生涯規劃—高職版

吳芝儀、蔡瓊玉 ◎著

定價 275元

ISBN：957-30722-0-3

　　本書依據教育部公佈之「職業學校生涯規劃課程標準」編輯而成。生涯規劃除了對知識理論與生涯發展的了解，更強調自我的認識、職業與工作世界的認識、生涯選擇與決定生涯發展與管理的重要性。讓學生為自己的未來做出最理想的決定和發展。

大專社團輔導實務

朱偉競◎著

定價 360元

ISBN：957-30722-2-X

　　本書分別以不同章節來闡述社團的意義、社團輔導的意涵、社團共通性的輔導、學生會的輔導、一般社團的輔導，更蒐錄了許多寶貴又實用的社團法規制度及實例，當可供大專院校八千多位社團指導老師及第一線的學務工作同仁參考運用。

中輟學生的危機與轉機

吳芝儀◎著

定價 350元

ISBN：957-30722-3-8

　　本書彙整目的有二：一是試圖從多元層面理解中輟學生的問題，二是深入探討能解決中輟學生問題的有效中輟防治策略和選替教育方案。能提供關心中輟學生問題的教育、輔導、社福、警政、法務等不同專業領域的實務工作者參考，協力促成國內中輟學生教育和輔導方案的長足發展，以有效消弭青少年中途輟學或犯罪的問題，減低少年偏差和犯罪行為對社會之戕害。

校言校語
《四十年教育心旅》

吳景南◎著

定價 220元

ISBN：957-30722-4-6

　　「校言校語」是一個服務於教育工作四十年校園老園丁的諄諄絮語，既非道貌岸然的孝言孝語，亦非幽默有趣的笑言笑語，而是表達作者對學校教育與辦學經營的善言善語；它們也是好言好語，希望有助於促進青少年的身心健康與生命的永續發展。作者傳承其寶貴的學校辦學與青少年學輔導的實務工作經驗，提供校園師生分享共勉。

課程統整模式的原理與實作

周淑卿 ◎著
定價 300元
ISBN：957-30248-5-3

　　當國內教育提倡九年一貫課程，經驗豐富與否的國小教師，首當其衝便是思考如何結合理論與實務，進行課程設計。然而在課程設計實例中，我們總是依次又依次地相互詰問論辯，試著就一些統整課程的設計模式，思索如何實際運用於九年一貫課程的架構中。

　　本書旨在清楚陳述幾個課程統整的設計模式，包含基本理念及設計步驟，以及如何與九年一貫課程的能力指標配合。讀者可由各個模式的設計解說，配合實例對照，進一步了解這一些模式如何轉化為實際的方案…

行動研究：生活實踐家的
研究錦囊

吳美枝、何禮恩◎譯者
吳芝儀◎校閱者
定價 320元
ISBN：957-30248-7-X

　　本書關注行動研究的各個階段，並採取實務工作者—研究者的取向（從行動計畫到書寫報告），提供一些具體有用的建議，包括蒐集、處理與詮釋資料的議題，以及行動研究報告的評鑑標準等。本書的實務取向將鼓舞讀者嘗試新的行動策略來改善他們自身的實務工作，並持續尋求更好的專業發展。一系列行動研究(action research)的循環過程，則是促使教師能秉其專業知能設計課程與建構教學的最有效方法。

質性教育研究：理論與方法

Robert C. Bogdan & Sari Knopp Biklen ◎著

黃光雄 ◎主編/校閱

李奉儒、高淑清、鄭瑞隆、林麗菊

吳芝儀、洪志成、蔡清田 ◎譯

定價 450元

ISBN: 957-30248-4-5

　　本書其目的在於為質性研究在教育上的應用提供一個可理解的背景，檢視其理論根基和歷史淵源，並討論實際進行研究的特定方法。除此之外，還包含性別研究和女性主義、後現代論、解構論、電腦科技之應用於質性資料蒐集、分析和報告撰寫等之議題，最後並聚焦於質性教育研究之應用研究—討論有關評鑑、行動和實務工作者的研究。

質性研究入門
《紮根理論研究方法》

Anselm Strauss & Juliet Corbin ◎著

吳芝儀、廖梅花 ◎譯

定價 400元

ISBN: 957-30248-2-9

　　研究者之經常面對一些問題：如何理解研究材料？如何產生理論性詮釋？如何將詮釋紮根於研究材料中？如何突破分析情境中所無法避免的歧見、偏見和刻板化觀點？本書之目的，即是在循序漸進地回答與進行質性分析有關的問題。並企圖為準備展開其初次質性研究方案的研究者，以及想要建立實質理論的研究者，提供基本的知識、技術和程序。

吉娃娃的有情世界

莫問◎著
定價 200元
ISBN：957-30722-7-0

每個人在自己的成長過程中　　問題　也許從來不會是單選題
一定有許多的疑問？　　　　　答案　更可能根本不會出現
到底是要問　還是不問？　　　最後　說不定
究竟問了　有沒有答案？　　　答案的存在與否　也不是那麼重要
得到的答案　是不是自己想要的？

　　　　　　　　　　　　　　讓我們用一點心來瞧瞧
或許問與不問　都是因為一時興起　這個有情世界.......

希望之鴿（一）（二）

國立嘉義大學家庭教育研究所◎主編
定價 240元；定價 220元
ISBN：957-30722-9-7　　ISBN：957-30722-9-7

　　　從國內外犯罪學家的研究發現，大部分的犯罪成因可謂與家庭因素息息相關，家庭教育的健全與否關係著該社　會犯罪率的高低。本書集合32位收容人及每個家庭過去的成長背景、教育方式、及造成家庭成員墮落爲犯罪者的無奈與辛酸、也包括收容人目前親職問題及其困難、與往後生涯規劃的瓶頸…

英國教育：政策與制度

李奉儒 ◎著

定價 420元

ISBN：957-30248-0-2

　　隨著國內教育改革的風起雲湧，如何參考借鑑先進國家的教育政策與制度，掌握其教育問題與實施缺失，就成了比較教育研究的焦點。

　　本書的主要目的正式要分析英國近年來主要教育政策與制度變革之背景、現況與發展趨勢，提供給關心我國教育研究及教育改革者作為參考。

為什麼得不到我想要的？《自我基模改變策略》

Charles H. Elliott, Ph.D & Maureen Kirby Lassen, Ph.D ◎著

劉惠華 ◎譯

定價 280元

ISBN：957-30248-1-0

　　認知心理學領域最新的發展–基模治療–提供了一個革命性的新取向，來擺脫對自我價值和人我關係產生重大破壞的負向生活模式。本書運用自我評量測驗和練習，說明要如何辨識生活的不適應基模，檢視觸發它們的事件，而後發展適應的策略，以對自己與他人有新的了解。

婚姻與家庭

國立嘉義大學家庭教育研究所◎著

定價 600元

ISBN：957-30248-3-7

　　隨著政治民主化、經濟自由化、生活科技化，婚姻還是一如過去一樣神聖而令人嚮往？家庭依然是價值觀傳承的殿堂以及每個人身心最溫馨的避風港？面對今天這個激烈變動的社會，夫妻關係、親子關係、家庭與社會的關係，該用什麼態度與方式來維繫與經營？顯然和諧家庭的建立，從鞏固婚姻關係開始；和諧家庭總是先有一對相處融洽的夫妻⋯

青少年法治教育與犯罪預防

陳慈幸 ◎著

定價 420元

ISBN：957-30248-6-1

　　有人說，青少年犯罪問題是一個進步中社會的產物，而同時也是一個污點。但是正當這個污點逐漸趨向擴大為一種黑暗時，我們不覺深思，這群遊走於黑暗邊緣孤獨、無助、期待伸援的淪失靈魂，我們究竟該如何協助他在一線之間，回頭，走出沈淪？

　　刻板的刑罰，是最真確的輔導方式嗎？還是該給在觸犯法律之前，先給予正確的法治教育，才是更「溫柔」的關懷？⋯⋯⋯⋯

組織犯罪

陳慈幸◎著

定價 400元

ISBN：957-30248-9-6

　　所謂組織犯罪之學狹義來說，即是研究幫派犯罪之學。
組織犯罪（幫派犯罪）對社會之侵害腐蝕，已成爲當前社會所關心的
社會治安問題，集團犯罪憑藉其組織架構之完整性，成員之眾多，嚴
重掠奪社會資源，妨害社會正常之運成與發展。由於「黑道」所實施
者，都是有組織的犯罪，因此研究組織犯罪之學已成爲目前國家治安
防治策略中非常重要之事。

　　本書爲匯集國內相關學術與實務研究人員對於當前我國組織犯罪
現況之相關研究，本書內容將國內目前組織犯罪各種現況敘述甚詳，
可謂爲目前最新犯罪學之文獻。

法律的詮索

陳慈幸◎著

定價 400元

ISBN：957-30248-8-8

　　習法之人，首重清楚的思維及正確的學理常識，如此才可於繁複
的法域疆土闢出整然的論述。除此之外，法的運用，如循依過往方
式，單以實體法佐以程序法的適用方式來思考，似乎已無法適切說明
與充分涵蓋整個犯罪現象，因此科學方式蒐集證據，佐以偏屬社會科
學的犯罪學的應用，恰可補足當今實體法與程序法的不足。人的情慾
糾葛，使法與人類生活接合之後，法的運用更爲艱深，因此法的學習
需逸脫傳統「法律與生活」的結合，也就是當我們進入生命的輪迴
時，其實已邁入法的宇宙。

即 將 出 版